EinFach Deutsch

Unterrichtsmodell

Medienwelten

Von
Christine Mersiowsky

Herausgegeben von
Johannes Diekhans

Baustein 3: Der Film als eigene Kunstform (S. 42–55 im Modell)

3.1	Die dramatische Struktur des Kurzfilms „Schwarzfahrer"	Die Reise des Filmhelden in drei Akten (S. 47 f.)	Textarbeit Tafelskizze
3.2	Figurenkonzeption und -konstellation in dramatischer Gestaltung	gesamter Film	Textarbeit Arbeitsauftrag Tafelskizze
3.3	Werte und Normen der ideellen Botschaft des Films (Message)	Transkription 03:20–09:51 Min. (S. 51 f.)	Textarbeit
3.4	Filmsprachliche Mittel im ästhetischen Gestaltungszusammenhang	Film 04:40–07:33 Min.	Textarbeit Tafelskizze
3.5	Die Bedeutung des Filmgenres	Schaubild (S. 54), „Sagen Sie meiner Frau, dass ich sie liebe." (S. 55 f.), gesamter Film	Textarbeit Schreibauftrag Tafelskizzen
3.6	Einführung in die Filmkritik	Ohne den dicken deutschen Zeigefinger (S. 57 f.), gesamter Film	Textarbeit Schreibauftrag Tafelskizze

Medienwelten

Baustein 1: Medien im Wandel (S. 10 – 30 im Modell)

1.1	Mediennutzung heute	div. Schaubilder (S. 7 f.)	Textarbeit Schreibauftrag Tafelskizze
1.2	Was sind (neue) Medien? – Versuch einer Begriffsbestimmung	Mediendefinitionen (S. 9 ff.)	Textarbeit
1.3	Medienrevolutionen: Die geschichtliche Entwicklung der Medien	Medien und Massenkommunikation (S. 12 ff.)	Textarbeit Tafelskizze
1.4	Einführung in die Medienkritik	div. Texte zu sozialen Netzwerken (S. 19 ff.)	Textarbeit Schreibaufträge Tafelskizzen
1.5	*Exkurs:* Materialgestütztes Verfassen eines informierenden Textes	gesamt	Textarbeit Schreibauftrag Tafelskizzen

Baustein 2: Die Zeitung als Massenmedium (S. 31 – 41 im Modell)

2.1	Printmedien in Deutschland – Ein überholtes Modell?	Vom aktuellen Ereignis bis zur Tageszeitung am Frühstückstisch (S. 31 ff.),	Textarbeit Tafelskizze
2.2	Die Bedeutung des Mediums Zeitung für Jugendliche	div. Schaubilder (S. 33 f.)	Textarbeit Tafelskizze
2.3	Qualitätsjournalismus im digitalen Zeitalter	Wer vertraut uns noch? (S. 35 ff.)	Textarbeit Schreibauftrag Tafelskizze
2.4	Zukunft der Zeitung – Zeitung der Zukunft	Zeitungssterben. Warum wir Papierpresse noch brauchen (S. 40 ff.), Vorteil Internet (S. 43 ff.)	Textarbeit Tafelskizzen
2.5	*Exkurs:* Materialgestütztes Verfassen eines argumentierenden Textes	gesamt	Textarbeit Schreibauftrag

Bildnachweis:

56:	picture-alliance/BREUEL-BILD
57, 62, 67, 73:	picture-alliance/dpa
7:	© Sergey Nivens – Fotolia.com

westermann GRUPPE

© 2017 Bildungshaus Schulbuchverlage
Westermann Schroedel Diesterweg Schöningh Winklers GmbH
Braunschweig, Paderborn

www.schoeningh-schulbuch.de
Schöningh Verlag, Jühenplatz 1 – 3, 33098 Paderborn

Das Werk und seine Teile sind urheberrechtlich geschützt.
Jede Nutzung in anderen als den gesetzlich zugelassenen Fällen bedarf der
vorherigen schriftlichen Einwilligung des Verlages.
Hinweis zu § 52a UrhG: Weder das Werk noch seine Teile dürfen ohne eine
solche Einwilligung gescannt und in ein Netzwerk gestellt werden.
Dies gilt auch für Intranets von Schulen und sonstigen Bildungseinrichtungen.
Für Verweise (Links) auf Internet-Adressen gilt folgender Haftungshinweis:
Trotz sorgfältiger inhaltlicher Kontrolle wird die Haftung für die Inhalte der
externen Seiten ausgeschlossen. Für den Inhalt dieser externen Seiten sind
ausschließlich deren Betreiber verantwortlich. Sollten Sie daher auf kostenpflichtige,
illegale oder anstößige Inhalte treffen, so bedauern wir dies ausdrücklich und bitten
Sie, uns umgehend per E-Mail davon in Kenntnis zu setzen, damit beim Nachdruck
der Verweis gelöscht wird.

Druck A[1] / Jahr 2017
Alle Drucke der Serie A sind im Unterricht parallel verwendbar.

Umschlaggestaltung: Jennifer Kirchhof
Druck und Bindung: westermann druck GmbH, Braunschweig

ISBN 978-3-14-**022686**-8

Vorwort

Der vorliegende Band ist Teil einer Reihe, die Lehrerinnen und Lehrern erprobte und an den Bedürfnissen der Schulpraxis orientierte Unterrichtsmodelle zu ausgewählten Ganzschriften und weiteren relevanten Themen des Faches Deutsch bietet.
Im Mittelpunkt der Modelle stehen Bausteine, die jeweils thematische Schwerpunkte mit entsprechenden Untergliederungen beinhalten.
In übersichtlich gestalteter Form erhält der Benutzer/die Benutzerin zunächst einen Überblick zu den im Modell ausführlich behandelten Bausteinen.

Es folgen:

- Vorüberlegungen zum Einsatz des Heftes im Unterricht
- Hinweise zur Konzeption des Modells
- Ausführliche Darstellung der einzelnen Bausteine
- Zusatzmaterialien

Ein besonderes Merkmal der Unterrichtsmodelle ist die Praxisorientierung. Enthalten sind kopierfähige Arbeitsblätter, Vorschläge für Klassen- und Kursarbeiten, Tafelbilder, konkrete Arbeitsaufträge, Projektvorschläge. Handlungsorientierte Methoden sind in gleicher Weise berücksichtigt wie eher traditionelle Verfahren der Texterschließung und -bearbeitung.
Das Bausteinprinzip ermöglicht es dabei den Benutzern, Unterrichtsreihen in unterschiedlicher Weise und mit unterschiedlichen thematischen Akzentuierungen zu konzipieren. Auf diese Weise erleichtern die Modelle die Unterrichtsvorbereitung und tragen zu einer Entlastung der Benutzer bei.

 Arbeitsfrage

 Einzelarbeit

 Partnerarbeit

 Gruppenarbeit

 Unterrichtsgespräch

 Schreibauftrag

 szenisches Spiel, Rollenspiel

 Mal- und Zeichenauftrag

 Bastelauftrag

 Projekt, offene Aufgabe

Inhaltsverzeichnis

1 **Vorüberlegungen zum Einsatz der Materialien im Unterricht** 8

2 **Konzeption des Unterrichtsmodells** 9

3 **Die thematischen Bausteine des Unterrichtsmodells** 10

Baustein 1: Medien im Wandel 10
1.1 Mediennutzung heute 10
1.2 Was sind (neue) Medien? – Versuch einer Begriffsbestimmung 14
1.3 Medienrevolutionen: Die geschichtliche Entwicklung der Medien 15
1.4 Einführung in die Medienkritik 18
    1.4.1 Soziale Netzwerke – Zwei konträre Positionen? 18
    1.4.2 Medienkritik – Ein (populär-)wissenschaftlicher Ansatz 21
1.5 *Exkurs*: Materialgestütztes Verfassen eines informierenden Textes 23
Arbeitsblatt 1: Bewertung des Schreibproduktes 28

Baustein 2: Die Zeitung als Massenmedium 31
2.1 Printmedien in Deutschland – Ein überholtes Modell? 31
2.2 Die Bedeutung des Mediums Zeitung für Jugendliche 34
2.3 Qualitätsjournalismus im digitalen Zeitalter 35
2.4 Zukunft der Zeitung – Zeitung der Zukunft 37
2.5 *Exkurs:* Materialgestütztes Verfassen eines argumentierenden Textes 40

Baustein 3: Der Film als eigene Kunstform 42
3.1 Die dramatische Struktur des Kurzfilms „Schwarzfahrer" 42
3.2 Figurenkonzeption und -konstellation in dramatischer Gestaltung 43
3.3 Werte und Normen der ideellen Botschaft des Films (Message) 45
3.4 Filmsprachliche Mittel im ästhetischen Gestaltungszusammenhang 47
3.5 Die Bedeutung des Filmgenres 49
    3.5.1 Das Genre des Kurzfilms „Schwarzfahrer" bestimmen 49
    3.5.2 Genrespezifische Erzählmuster und Gestaltungsprinzipien im Kurzfilm „Schwarzfahrer" bestimmen 52
3.6 Einführung in die Filmkritik 54

4 **Zusatzmaterialien**
    Z 1 Klausurvorschlag 1 mit Erwartungshorizont 56
    Z 2 Klausurvorschlag 2 mit Erwartungshorizont 62
    Z 3 Klausurvorschlag 3 mit Erwartungshorizont 67
    Z 4 Christian Jakubetz: Das Konstrukt Tageszeitung ist überholt 73

5 **Quellenverzeichnis** 76

Medienwelten

„Und dann war da plötzlich ein Medium, mit dem man alles machen konnte. Journalisten, die ein langes Interview geführt hatten, für das in der Zeitung nicht genügend Platz war, konnten es trotzdem in ganzer Länge veröffentlichen. Kritiker konnten ihrem Publikum zeigen, worüber sie schrieben: die Kunst, das Bauwerk, den Film, mit beliebig vielen Fotos oder bewegten Bildern. [...]
Kommentatoren konnten eine echte öffentliche Debatte führen und auf widersprechende Meinungen in anderen Medien verweisen, und die Leser konnten sich daran beteiligen und untereinander und mit den Autoren diskutieren. Nachrichten konnten das Publikum sofort erreichen, egal, wann sie passierten. Fehler konnten an Ort und Stelle korrigiert werden. [...] Die aufwändig produzierten Inhalte von gestern verstaubten nicht mehr in irgendwelchen Archiven, sondern blieben zugänglich. Und sie mussten nicht erst teuer und zeitraubend auf Papier gedruckt und durch das ganze Land verschickt werden, um zu den Lesern zu kommen."

Aus: Stefan Niggemeier über das Internet (2010). Vorteil Internet. In: Weichert, Stephan/Kramp, Leif/Jakobs, Hans-Jürgen (Hrsg.): Wozu noch Journalismus? Wie das Internet einen Beruf verändert. Vandenhoeck & Ruprecht. Göttingen 2010, S. 41–46

Vorüberlegungen zum Einsatz der Materialien im Unterricht

Das vorliegende Unterrichtsmodell orientiert sich am Kerncurriculum der gymnasialen Oberstufe für das Fach Deutsch des Landes Niedersachsen und deckt hier speziell die verbindlichen Inhalte des vierten Kurshalbjahres in der Qualifikationsphase ab. Konkret handelt es sich hierbei um das Rahmenthema 7 „Medienwelten"[1].

Im Zentrum stehen dabei zum einen die Reflexion von Medienerfahrungen und -wirkungen und zum anderen die analytische und interpretierende Auseinandersetzung mit konkreten Medienprodukten. Des Weiteren sollen die Schülerinnen und Schüler zur eigenständigen Gestaltung von Medienprodukten angeregt werden. Mit Blick auf die anstehende schriftliche Abiturprüfung liegt dabei der Schwerpunkt auf dem Verfassen journalistischer Texte, um die Schreibkompetenz der Lernenden weiterzuentwickeln.

Zunächst wird der Blick auf den Medienbegriff und die geschichtliche Entwicklung der Medien gerichtet, um den Schülerinnen und Schülern ein Überblickswissen zu vermitteln. Anschließend sollen sie ihr eigenes Medienverhalten, insbesondere die Nutzung digitaler Medien, kritisch reflektieren und sich die damit einhergehenden Veränderungen der Kommunikation im persönlichen Alltag und in der Gesellschaft bewusst machen. Die Selbstreflexion mündet in einer medienkritischen Betrachtung verschiedener Positionen.

Nach der Betrachtung der Medienwelt im Allgemeinen widmen sich die Schülerinnen und Schüler im Speziellen dem Medium Zeitung und/oder Film. Das hierzu jeweils angebotene Wahlpflichtmodul (vgl. Bausteine 2 und 3, S. 31 ff.) stellt somit eine Vertiefung der zuvor gewonnenen Einsichten dar – ebenso wie die Beschäftigung mit den im vorliegenden Unterrichtsmodell ausgewählten Texten bzw. Textauszügen, welche den Lernenden tiefere Einblicke in unsere heutige mediale Gesellschaftsordnung ermöglichen, welche direkt an die Lebenswelt der heutigen Schülergeneration anknüpft.

Vor diesem Hintergrund hat die Beschäftigung mit diesen allgemeingültigen Themen auch in den übrigen Bundesländern ihre Berechtigung im Literaturunterricht des Faches Deutsch.
Für die eigene Vorbereitung erscheint Jochen Hörischs wissenschaftliche Abhandlung „Der Sinn und die Sinne. Eine Geschichte der Medien", welche 2001 vom Eichborn Verlag in Frankfurt am Main herausgegeben wurde, empfehlenswert. Der Autor zeigt unter anderem, wie sich die Medien seit ihren Anfängen entwickelt haben und was diese heute auszeichnet.
In Bezug auf das Medium Zeitung ist der von Stephan Weichert, Leif Kramp und Hans-Jürgen Jakobs herausgegebene Sammelband „Wozu noch Journalismus? Wie das Internet einen Beruf verändert", welcher im Vandenhoeck & Ruprecht Verlag in Göttingen 2010 im Auftrag der Süddeutschen Zeitung erschienen ist, aufschlussreich. In ihren Essays halten die Verfasser wertvolle (Hintergrund-)Informationen bereit und entfalten anschaulich und zugleich unterhaltsam ein facettenreiches Bild eines Journalismus im digitalen Zeitalter.

Die von Axel Rogge, Schnitt-Editor für die Sender ProSieben, Sat.1 und Kabel eins, verfasste „Video-Schnittschule", die 2006 im Galileo Press Verlag in Bonn erschienen ist, enthält wichtige Tipps und Tricks für einen spannenderen und überzeugenderen Film (vgl. Baustein 3,

---

[1] Vgl. Niedersächsisches Kultusministerium (Hrsg.): Kerncurriculum für das Gymnasium – gymnasiale Oberstufe, die Gesamtschule – gymnasiale Oberstufe, das Berufliche Gymnasium, das Abendgymnasium, das Kolleg. Hannover 2016, S. 62 ff.

S. 42 ff.), die der Fachmann auf humorvolle Weise vermittelt. Da hier zudem die wesentlichen Begriffe der Filmsprache auf anschauliche Weise erklärt werden, ist diese Publikation zudem als Nachschlagewerk im Rahmen der filmanalytischen Arbeit im Unterricht geeignet.

In den **Zusatzmaterialien** (vgl. **Z 1**, S. 56 ff.) befinden sich verschiedene Vorschläge für eine abschließende **Lernerfolgskontrolle**. Generell können jedoch auch viele der in diesem Unterrichtsmodell gestellten Arbeitsaufträge zu geeigneten Klausurthemen ausgeweitet werden.

Konzeption des Unterrichtsmodells

Das vorliegende Unterrichtsmodell ist in drei Bausteine unterteilt. Dabei finden sowohl textanalytische als auch produktionsorientierte Methoden Anwendung, um hoffentlich allen Schülerinnen und Schülern eine Möglichkeit des Zugangs zu dem Thema „Medienwelten" zu bieten, welches anhand aktueller Sachtexte erarbeitet werden soll. Zudem wurde darauf geachtet, dass die im Fach Deutsch gängigen Aufsatzarten (Erörterung, Textanalyse usw.) weiter geübt werden.

Baustein 1 dient dazu, die Grundlagen des Medienbegriffs, der historischen Entwicklung der Medien und der Mediennutzung Jugendlicher heute zu schaffen. Ergänzt wird dieses durch eine Einführung in die Medienkritik, bevor die Schülerinnen und Schüler das Gelernte im Rahmen des Aufgabenformates „materialgestütztes Schreiben" abschließend reflektieren.

Baustein 2 widmet sich der Zeitung. Im Sinne einer Vertiefung des vorangegangenen Bausteines sollen die Schülerinnen und Schüler hier die Bedeutung dieses klassischen Mediums im digitalen Zeitalter problematisieren: Konkret sollen sie zunächst erfahren, wie eine Zeitung überhaupt entsteht und von welcher Zielgruppe das Printmedium derzeit eigentlich genutzt wird. Die Überlebenschancen der Zeitung, welche insbesondere mit dem Internet konkurriert, sollen erörtert werden. Indem die Lernenden ausgewählte Textsorten im Journalismus exemplarisch analysieren, lernen sie zudem die spezifische Gestaltung journalistischer Textsorten sowie deren Wirkung kennen und beurteilen auf dieser Grundlage deren ästhetische Qualität.

Baustein 3 bildet den Abschluss dieser Unterrichtsreihe. Im Fokus steht hierbei das Medium Film als eigene Kunstform. Exemplarisch am Kurzfilm „Schwarzfahrer" sollen die Schülerinnen und Schüler die eingesetzten filmsprachlichen Mittel im Hinblick auf deren Wirkung analysieren und die ästhetische Qualität des Films als Ganzes beurteilen. Im Sinne einer Wiederholungs- und Übungsphase zu zentralen literaturwissenschaftlichen Grundlagen der Dramen- und Erzähltheorie sollen die Schülerinnen und Schüler zudem die dramatische Struktur des Films mit der geschlossenen Bauform eines Dramas vergleichen und die erzählerischen Muster und Motive des Films identifizieren und deuten.

Die thematischen Bausteine des Unterrichtsmodells

Baustein 1

Medien im Wandel

In diesem Baustein zum Auftakt der Unterrichtsreihe zum Thema „Medienwelten" sollen die Schülerinnen und Schüler ein Überblickswissen erwerben. Als Einstieg soll die heutige Mediennutzung (vgl. Abschnitt 1.1, S. 10 ff.) thematisiert werden, was wiederum zur Reflexion des eigenen Medienverhaltens führt und Ansätze zur kritischen Wahrnehmung bietet. Dabei stehen vornehmlich die Nutzung digitaler Medien und die damit einhergehenden Veränderungen der Kommunikation im persönlichen Alltag und in der Gesellschaft im Zentrum der Betrachtung.

Hieran anschließend liegt dann der Fokus auf dem Medienbegriff (vgl. Abschnitt 1.2, S. 14 f.), der in der Fachliteratur kontrovers diskutiert bzw. ausgelegt wird, und der Mediengeschichte als einer Geschichte sich ständig beschleunigender Medienentwicklung (vgl. Abschnitt 1.3, S. 15 ff.). Der Unterrichtsaspekt „Medienkritik" (vgl. Abschnitt 1.4, S. 18 ff.), bei dem eine kritische Auseinandersetzung mit verschiedenen Positionen erfolgen soll, richtet sich insbesondere an Kurse auf erhöhtem Anforderungsniveau[1] und stellt folglich eine Vertiefung der zuvor gewonnenen Einsichten dar.

Den Abschluss dieses Bausteins bildet die Einführung bzw. Wiederholung des „materialgestützten Schreibens" (vgl. Abschnitt 1.5, S. 23 ff.) als neueres Aufgabenformat im Fach Deutsch der gymnasialen Oberstufe.

1.1 Mediennutzung heute

Seit der Einführung des „materialgestützten Schreibens" als neues Aufgabenformat im Fach Deutsch der gymnasialen Oberstufe werden nun auch diskontinuierliche Texte zum Gegenstand der schriftlichen Abiturprüfung gemacht. Mit dieser Entscheidung wird insbesondere dem Kompetenzbereich „Schreiben" der Bildungsstandards Rechnung getragen, demzufolge die Schülerinnen und Schüler im Laufe der Qualifikationsphase unter anderem dazu befähigt werden sollen, aus vorgegebenen und „selbst recherchierten Informationsquellen Relevantes für die eigene Textproduktion auszuwählen und in geeigneter Form aufzubereiten"[2].

---

[1] Vgl. Niedersächsisches Kultusministerium: a. a. O., S. 62
[2] KMK: Bildungsstandards im Fach Deutsch für die Allgemeine Hochschulreife. Beschluss der Kultusministerkonferenz vom 18.10.2012. Berlin 2012, S. 16. Zitiert nach URL:
www.kmk.org/fileadmin/Dateien/veroeffentlichungen_beschluesse/2012/2012_10_18-Bildungsstandards-Deutsch-Abi.pdf (Abrufdatum: 2016-07-11)

Die ausgewählten Schaubilder (vgl. **Schülerarbeitsheft**, S. 6 ff.) geben dabei Auskunft über Art und Umfang der Mediennutzung von Jugendlichen in Deutschland sowie deren Motive. Bei näherer Betrachtung wird Folgendes schnell deutlich, worauf die Schülerinnen und Schüler in dem von ihnen zu verfassenden Text unbedingt eingehen sollten:

Das von den meisten Jugendlichen gebrauchte Medium ist das Smartphone, welches insgesamt 97 % der weiblichen und 91 % der männlichen 12- bis 19-Jährigen mehrmals pro Woche, wenn nicht sogar täglich, nutzen (vgl. Abb. 1, S. 6). Nahezu ebenso hohe Werte erzielt das Internet (91 % bzw. 93 %). Dass der Computer offline von weniger als einem Drittel der Jugendlichen dieser Altersklasse genutzt wird (vgl. Abb. 1, S. 6), lässt den Eindruck entstehen, dass das Smartphone heutzutage weniger zum Telefonieren, sondern vielmehr zum Verweilen im Internet genutzt wird.

Dieser Verdacht scheint sich mit Blick auf die Abb. 2 (S. 7), die speziell Auskunft darüber gibt, wofür das Internet genutzt wird, zu bestätigen: Am häufigsten versenden die 14- bis 29-Jährigen Kurznachrichten mittels sogenannter Instant-Messenger[1]. Die insgesamt 84 % fallen dabei deutlich höher aus als bei der Gesamtbevölkerung mit lediglich 43 % im direkten Vergleich. Dasselbe Bild ergibt sich beim Chatten in Foren und/oder Online-Communitys, bei dem immerhin 64 % der jugendlichen Nutzer gerade einmal 17 % der Gesamtbevölkerung gegenüberstehen.

In Anbetracht dessen, dass knapp ein Drittel der Jugendlichen zudem „[e]infach so im Internet surf[t]" (Abb. 2, S. 7), ist es demzufolge nicht weiter verwunderlich, dass die tägliche Verweildauer der 14- bis 29-Jährigen im Internet von gut 2,5 Stunden im Jahre 2012 innerhalb von nur zwei Jahren auf über 4 Std. gestiegen ist (vgl. Abb. 3, S. 3) – eine bedenkliche Tendenz.

Und obwohl nahezu jeder Jugendliche das Internet nutzt, wird das Potenzial, welches dieses digitale Medium bietet, offenbar nicht ausgeschöpft, wenn sich dessen Nutzung letztlich auf das bloße Senden und Empfangen von (Kurz-)Nachrichten beschränkt (vgl. Abb. 2, S. 7) und dabei primär „Spaß" (vgl. Abb. 4, S. 8) im Vordergrund steht. Die scheinbar unbegrenzte Datenfülle im WWW wird jedenfalls kaum genutzt; nur 37 % der 14- bis 29-Jährigen suchen im Internet gezielt nach Informationen (vgl. Abb. 2, S. 7). Tageszeitungen lesen sie jedoch ebenfalls kaum – auch nicht online (vgl. Abb. 1, S. 6), und selbst dann nicht, wenn sie gezielte „Denkanstöße bekommen" (Abb. 4, S. 8) wollen, um möglicherweise besser „mitreden [zu] können" (Abb. 4, S. 8).

Diese offenbar fehlende Medienkompetenz der vermeintlichen „Digital Natives" im Detail und die sich aufdrängende Frage, ob und auf welchem Wege Jugendliche heutzutage noch an zuverlässige Informationen gelangen, stellen gewichtige Argumente dar, den Heranwachsenden einen bewussteren Umgang mit den neuen Medien nahezulegen, und rechtfertigen somit dieses neue Rahmenthema „Medienwelten".

Im Niedersächsischen Kerncurriculum für das Fach Deutsch wird darüber hinaus angeregt, aktuelle Schaubilder zur Mediennutzung Jugendlicher in den Unterricht einzubeziehen.[2] Geeignete Materialien liefert die sogenannte **JIM-Studie**[3], welche der Medienpädagogische Forschungsbund Südwest seit 1998 jährlich durchführt und im Internet zum kostenlosen Download bereithält.[4]

In einem ersten Schritt sollen die Schülerinnen und Schüler ihr eigenes Medienverhalten selbst reflektieren. Hierzu bearbeiten sie die im **Schülerarbeitsheft** (S. 6) formulierten Aufgabenstellungen sinnvollerweise in Einzelarbeit:

---

[1] Zu diesen Programmen zählen z. B. Skype, WhatsApp, Instagram, ICQ, mithilfe derer (Text-)Nachrichten sofort übermittelt werden können, um sich mit anderen Teilnehmern auf diese Weise zu unterhalten.
[2] Vgl. Niedersächsisches Kultusministerium: a. a. O., S. 63
[3] **JIM** = Jugend, Information, (Multi-)Media
[4] Vgl. Medienpädagogischer Forschungsbund Südwest (mpfs): JIM-Studie 2015 – Jugend, Information, (Multi-)Media. Basisuntersuchung zum Medienumgang 12- bis 19-Jähriger. Stuttgart 2015. URL: www.mpfs.de/fileadmin/JIM-pdf15/JIM_2015.pdf/(Abrufdatum: 2016-07-11)

Baustein 1: Medien im Wandel

- Legen Sie in Ihrem Heft eine Tabelle nach folgendem Muster an und notieren Sie die Medien, mit denen sich Kevin in seiner Freizeit beschäftigt, sowie die jeweiligen Motive für die Mediennutzung (z. B. Kommunikation, Information, Entspannung).

- Reflektieren Sie Ihr eigenes Medienverhalten, indem Sie in Ihrer tabellarischen Übersicht die Medien farblich kennzeichnen, die Sie mehrmals pro Woche oder sogar täglich verwenden, und die zweite Spalte gegebenenfalls um Ihre ganz individuellen Nutzungsmotive ergänzen.

- Analysieren Sie die vorliegenden Schaubilder, indem Sie die relevanten Informationen zur Mediennutzung Jugendlicher stichwortartig notieren.

Nach der ersten Aufgabe sollten die Zwischenergebnisse der Schülerinnen und Schüler zunächst gesammelt werden. Dies kann mündlich erfolgen, jedoch bei Bedarf auch an der Tafel[1] festgehalten werden.

Medienverhalten

Medium	Motiv(e) für die Mediennutzung
Computer	Kommunikation, Partizipation, Spielen, Arbeiten
Smartphone	Kommunikation, Partizipation, Musik hören, Entspannung, „Stimmungsmanagement"
Internet	E-Mail/soziale Netzwerke: Kommunikation, Partizipation, Vernetzung, Information Wikipedia/Google: Information Online-Spiel: Spielen, mit Freunden etwas gemeinsam machen
Fernseher/Radio	Entspannung, Information, Zeitvertreib
Spielekonsole/DVD	Spielen, (Ent-)Spannung, Zeitvertreib

Die wesentlichen Erkenntnisse, die dem ausgewählten statistischen Material (vgl. Aufgabe 3) zu entnehmen sind, sollten auf jeden Fall an der Tafel wie folgt festgehalten werden:

---

[1] Der Erwartungshorizont erfolgt in Anlehnung an:
Fileccia, Marco: Medien non-stop? Die eigene Mediennutzung reflektieren und Risiken erkennen. 2., überarbeitete Auflage. München/Berlin 2014, S. 12

Mediennutzung von Jugendlichen in Deutschland[1]

Medien allgemein (Abb. 1, S. 6)

mehrmals pro Woche bzw. täglich	weiblich	männlich
Smartphone	97 %	91 %
Internet	91 %	93 %
Computer offline	20 %	27 %
Tageszeitung	20 %	30 %
Tageszeitung online	11 %	19 %

Internet (Abb. 2 und 3, S. 7)

- Umfang der Nutzung: ca. 4 Std. pro Tag (2012: ca. 2,5 Std.)
- Art der Nutzung
  - Instant Messaging (84 %)
  - Chatten in Foren (64 %) und Online-Communitys wie Facebook (49 %)
  - Informationsbeschaffung (37 %)
  - Surfen ohne bestimmtes Ziel (28 %)

Motive für die Mediennutzung (Abb. 4, S. 8)

	Internet	Tageszeitung
Information	79 %	37 %
Mitreden können	78 %	29 %
Denkanstöße bekommen	79 %	29 %
Spaß	82 %	7 %

Im zweiten Schritt sollen sich die Schülerinnen und Schüler mit der Mediennutzung Jugendlicher generell vertraut machen und diese anschließend mit ihren eigenen Gewohnheiten vergleichen. Zu diesem Zweck bearbeiten sie die Aufgabenstellungen im **Schülerarbeitsheft** (S. 8) nun in Kooperation mit dem Sitznachbarn:

■ *Beurteilen Sie, ob die eingangs dargestellte Situation Kevins lediglich Fiktion bzw. allenfalls einen Einzelfall oder aber heutige Normalität darstellt.*

■ *Diskutieren Sie mit Ihrem Nachbarn/Ihrer Nachbarin etwaige Warnzeichen für eine „Abhängigkeit" von Medien.*

■ *Es gibt immer wieder Journalisten, die versuchen, einen Tag oder sogar eine Woche lang ohne die gängigen Medien, wie Radio, Fernsehen, Computer und Smartphone, zu leben.*
Setzen Sie sich mit diesem Verzicht auseinander und erörtern Sie Möglichkeiten alternativer Freizeitgestaltung.[2]

---

[1] Tafelbild in Anlehnung an: Marco Fileccia: Medien non-stop? Die eigene Mediennutzung reflektieren und Risiken erkennen. Herausgegeben von der Stiftung Medienpädagogik Bayern. München/Berlin 2015 © Stiftung Medienpädagogik Bayern
[2] Alternativ können die Schülerinnen und Schüler angehalten werden, einen Text in der Ich-Form (z. B. Tagebucheintrag, Reportage) zu verfassen, in welchem sie ihren Tag ohne Medien schildern.

Abschließend sollten die Ergebnisse mithilfe folgender Leitfragen nochmals diskutiert werden:

- *Decken sich die Ergebnisse dieser Studien mit Ihren eigenen Gewohnheiten im Umgang mit den Medien? (Warum nicht?)*
Wie beurteilen Sie den Medienkonsum der Jugendlichen in Deutschland? Welche Konsequenzen sollte das Bundesministerium für Bildung und Forschung aus diesen Ergebnissen ziehen bzw. welche Maßnahmen sollte es möglicherweise ergreifen?

1.2 Was sind (neue) Medien? – Versuch einer Begriffsbestimmung

Da Schülerinnen und Schüler (digitale) Medien täglich nutzen und somit aus eigener Erfahrung kennen, haben sie bereits recht genaue Vorstellungen davon, was Medien sind und diese kennzeichnet. Als Einstieg in diesen Abschnitt bearbeiten die Schülerinnen und Schüler daher zunächst folgenden Arbeitsauftrag (vgl. **Schülerarbeitsheft**, S. 11) in Partnerarbeit:

- *Beantworten Sie gemeinsam mit Ihrem Sitznachbarn die in der Kapitelüberschrift aufgeworfene Frage „Was sind (neue) Medien?" und formulieren Sie eine eigene Definition.*

Auf dieser Diskussionsgrundlage sollen sich die Lernenden im Anschluss mit den teilweise recht anspruchsvollen Thesen zum Medienbegriff aus Jochen Hörischs Abhandlung „Mediendefinitionen" (vgl. **Schülerarbeitsheft**, S. 9 ff.) beschäftigen, welche zunächst nicht durchweg naheliegend oder aber plausibel erscheinen, ihnen jedoch möglicherweise einen neuen Blick auf das Thema „Medienwelten" eröffnen:

Die Tatsache, dass Medien Körperextensionen des Menschen sind (vgl. Z. 8 ff.) und ihnen dabei als Interaktionskoordinatoren dienen (vgl. Z. 41 ff.), dürfte den Lernenden durch ihre eigene Mediennutzung bekannt sein bzw. dürfte ihnen angesichts des mittlerweile fast permanenten Gebrauchs ihres Smartphones spätestens beim Lesen des Textes bewusst werden: Durch die ausgereifte Technik moderner Medien gelingt es, etwaige räumliche, zeitliche und somit „kreatürlich[e]" Grenzen (Z. 9) zu überwinden und Menschen zusammenzubringen (vgl. Z. 43 f.).
Neu hingegen, aber auch einsichtig dürfte die Erkenntnis sein, dass Medien Unwahrscheinlichkeitsverstärker sind (vgl. Z. 59 ff.), was Hörisch am Beispiel einer Mondlandung verdeutlicht: Mithilfe der Medien, welche dieses per se unwahrscheinliche Ereignis live übertragen, wird dieses für den Menschen alltäglich: „Wir haben uns in dem Maße, wie Gesellschaften Mediengesellschaften werden, an Wunder aller Art gewöhnt. Dass wir Direktübertragungen von Sport- und Politikereignissen beiwohnen können, die zehntausend Kilometer (oder wie im Fall der Mondlandung kosmisch weit) von uns entfernt sind, wundert uns nicht mehr." (Z. 79 ff.) Dadurch, dass das Berichten von spektakulären Ereignissen in den Medien auf der Tagesordnung steht, werden „Wunder [...] üblich" (Z. 79 f.) oder, anders ausgedrückt, wird „Unwahrscheinliches unwahrscheinlich" (Z. 79).

Da der Leser über dieses Paradoxon zunächst stolpert, ist es angeraten, die Schülerinnen und Schüler mithilfe des folgenden Lehrer-Impulses aufzufordern, über diese These ein wenig intensiver nachzudenken:

> ■ *Was meint Hörisch mit seiner These, dass durch die Medien „Unwahrscheinliches unwahrscheinlich" (Z. 79) werde?*
> *Erklären Sie seine Aussage anhand eines konkreten Beispiels.*

Alle drei bisherigen Thesen Hörischs münden schließlich in die These McLuhans: „Das Medium ist die Botschaft." (Z. 87) Denn wie das Medium als Körperextension, Interaktionskoordinator und als Unwahrscheinlichkeitsverstärker wirkt und Daten übermittelt, hängt letztlich vom Medium – Buch, Zeitung, Fernsehen, Internet, Smartphone usw. – und dessen technischen Möglichkeiten und nicht von den Daten bzw. Informationen selbst ab. Hierdurch wiederum wird die zu übermittelnde Botschaft und somit letztlich der Mensch als Empfänger derselben beeinflusst oder sogar bewusst manipuliert.

Nachdem vorab die obige Frage zum Textverständnis geklärt wurde, bearbeiten die Schülerinnen und Schüler dann die im Schülerarbeitsheft (S. 11) formulierten Arbeitsaufträge selbstständig in Partnerarbeit:

> ■ *Klären Sie mit Ihrem Sitznachbarn/Ihrer Sitznachbarin Inhalt und Bedeutung der vier Thesen zu den zentralen Eigenschaften von Medien.*
>
> ■ *Ergänzen Sie die Tabelle um eine weitere Zeile, indem Sie zu den jeweiligen Thesen geeignete Beispiele zur Illustration notieren.*
>
> ■ *Nehmen Sie Ihre eigene Definition erneut zur Hand und überprüfen Sie, inwieweit Ihr eigenes Medienverständnis in dem vorliegenden Text wiederzufinden ist.*

Die bisherigen Überlegungen könnten in einer der gängigen Definitionen münden, wie etwa die folgende: Medien dienen als Träger-, Speicher- oder Kommunikationssystem, um unterschiedliche Zeichen- bzw. Symbolsysteme wie Sprache, Schrift oder Bilder mit ihren jeweiligen Codes darzustellen.[1]

1.3 Medienrevolutionen: Die geschichtliche Entwicklung der Medien

Nach der Auseinandersetzung mit dem Medienbegriff ist es sinnvoll, dass die Schülerinnen und Schüler wichtige Etappen in der modernen Mediengeschichte nachzeichnen. Das Entwickeln eines historischen Bewusstseins über Medien ist auch im Hinblick auf den Unterrichtsaspekt „Medienkritik" (vgl. Abschnitt 1.4, S. 18 ff.), welche oft auch eine Kritik des Medienwandels ist, hilfreich.

Anhand der Ausführungen Küblers (vgl. **Schülerarbeitsheft**, S. 12 ff.) wird deutlich, dass mit dem Beginn einer neuen Phase in der Mediengeschichte zwar neue Medien hinzukommen, welche die alten Medien jedoch nicht zwangsläufig verdrängen bzw. ersetzen (vgl. Z. 2 ff.). Vielmehr findet eine Medienakkumulation statt, wodurch sich teilweise neue komplementä-

---

[1] Vgl. Thillosen, Anne: Schreiben im Netz. Neue literale Praktiken im Kontext Hochschule. Waxmann Verlag. Münster 2008, S. 51

re Nutzungsmöglichkeiten (z. B. Autoradio, Tablet-PC) ergeben (vgl. Z. 117 ff.). Im Umkehrschluss wird wiederum ersichtlich, dass die Menschen in der Vergangenheit nicht annähernd die heutige Medienvielfalt vorgefunden haben, wie wir sie heute kennen und als selbstverständlich erachten.

Mit Blick auf die Einordnung der Medien in verschiedene Medientypen (vgl. **Schülerarbeitsheft**, S. 18) nach Pross (1972) bzw. Faßler (1997) rücken die entscheidenden Wendepunkte in der Entwicklung der Medien in den Fokus der Betrachtung: So ist es beispielsweise gegen Ende der ersten Phase der Mediengeschichte das Aufkommen der sekundären Medien, wie etwa Buch, Flugblatt, Kalender und Zeitung, welche eine Medienrevolution zur Folge haben und die nächste Phase einleiten (vgl. Z. 34 ff.).

Diese Kenntnis soll den Kursteilnehmern helfen, die Medienrevolutionen zu beurteilen und darüber hinaus festzustellen, dass alte Medien nicht nur nicht ersetzt werden, sondern vielmehr als Fundament für neue Medien benötigt werden: So wäre etwa das Internet als quartäres Massenmedium nicht ohne die Etablierung der tertiären (Massen-)Medien und/oder des Buches als wesentliches sekundäres Medium möglich gewesen.

Um sich einen Überblick über die Entwicklung der Medien zu verschaffen, sollen die Kursteilnehmer den umfassenden Text Küblers (vgl. **Schülerarbeitsheft**, S. 12 ff.) lesen und zunächst lediglich die im Anschluss formulierten Aufgaben 1 bis 3 bearbeiten:

- *Lesen Sie die umfangreichen Ausführungen Hans-Dieter Küblers zur Entwicklung der Medien. Nutzen Sie bei Bedarf die Fünf-Schritt-Lesemethode.*

- *Wählen Sie eine der drei Phasen der Mediengeschichte aus und beschreiben Sie diese stichwortartig mithilfe der Ausführungen Küblers. Notieren Sie Ihre Ergebnisse im oberen Teil des Kastens.*

- *Bereiten Sie mithilfe Ihrer Aufzeichnungen einen kurzen mündlichen Vortrag vor.*

Anschließend finden sich die Kursteilnehmer – analog zur Methode des Gruppenpuzzles – in gemischten Kleingruppen mit jeweils drei Teilnehmern zusammen, in denen ein vertiefender Austausch mithilfe folgender Aufgabenstellungen (vgl. **Schülerarbeitsheft**, S. 18 f.) stattfinden soll:

- *Finden Sie sich mit zwei weiteren Kursteilnehmern, die sich mit den anderen Stationen der Mediengeschichte beschäftigt haben, zusammen und halten Sie Ihr Kurzreferat.*

- *Diskutieren Sie mit Ihrer Gruppe die Erfindungen, welche aus Ihrer Sicht besondere Wendepunkte in der Mediengeschichte markieren.*

- *Lesen Sie die Informationen im Kasten und stellen Sie Bezüge zum Text her. Erläutern Sie in diesem Zusammenhang den Begriff der Medienrevolution und ergänzen Sie das Schaubild auf S. 17 entsprechend.*

- *Ergänzen Sie den „Abriss der Mediengeschichte" um jüngste Entwicklungen, die sich abzeichnen.*

Nach der dritten Aufgabe sollten die Zwischenergebnisse der Schülerinnen und Schüler zunächst gesammelt und wie folgt festgehalten werden, ehe die Arbeit weiter fortgesetzt wird:

Die geschichtliche Entwicklung der Medien[1]

Erste Phase der Mediengeschichte (ab Mitte des 15. Jhs.)
- Buchdruck mit beweglichen Lettern
- Medien sind nicht jedem zugänglich
- Entwicklung vom Hörer zum Leser des Gedruckten
- Herausbildung einer bürgerlichen Leserschaft und des Bürgertums
- Aufkommen der Aufklärung und der Wissenschaften
- → 1. Medienrevolution
  ausgelöst durch __sekundäre__ Medien, z. B.: Buch, Flugblatt, Kalender, Zeitung

Zweite Phase der Mediengeschichte (ab Mitte des 19. Jhs.)
- Aufkommen der Massenmedien
- globale Vernetzung der Nachrichtendienste
- Entstehen von Medienkonzernen
- politische Mediennutzung durch Propaganda
- Mediennutzung wird alltäglich und privat
- vielfältige analoge Speichermedien
- → 2. Medienrevolution
  ausgelöst durch __tertiäre__ Medien, z. B.: Film, Fotografie, Fernsehen, Telegrafie, Telefon, Funk, Langspielplatte

Dritte Phase der Mediengeschichte (ab Mitte des 20. Jhs.)
- Aufkommen der Computertechnologie
- Verbreitung der Personal Computer
- Digitalisierung der (Speicher-)Medien
- Telekommunikation
- Etablierung des Internets
- Globalisierung der Medien
- immer schnellere Durchsetzung neuer Medienformate und Medientechniken
- → 3. Medienrevolution
  ausgelöst durch __quartäre__ Medien, z. B.: Computer, Internet, Smartphone, digitale Speichermedien

Alte Medien gehen nicht verloren, durch das Aufkommen neuer Medien ergeben sich stattdessen komplementäre Nutzungsmöglichkeiten (**Medienwandel**).

---

[1] Tafelbild und Abbildung wurden folgender Quelle entnommen, optisch verändert und inhaltlich erweitert: Peters, Jelko: Kompetent in Sachtexte: Medienkritik. In: Schroedel Verlag (Hrsg.): Deutsch S II. Kompetenzen – Themen – Training. Braunschweig 2013, S. 14 und S. 51

1.4 Einführung in die Medienkritik

1.4.1 Soziale Netzwerke – Zwei konträre Positionen?

In ihrer Reportage „Soziale Netzwerke. Facebooks psychische Störung" (vgl. **Text A** im **Schülerarbeitsheft**, S. 19 ff.) berichtet die unter Depressionen leidende Kati Krause von den negativen Einflüssen auf ihre Psyche bei der Nutzung sozialer Netzwerke wie „Facebook, Instagram und Twitter" (Z. 15), welche sie insbesondere in labilen Phasen selbst erfahren musste.

Zunächst löscht sie die Facebook-App auf ihrem Smartphone eher intuitiv (vgl. Z. 27 ff.), als sie spürt, dass eine weitere Nutzung von Facebook & Co. in Anbetracht ihrer ohnehin schlechten Verfassung nicht förderlich für die Genesung ist. Bei dem zweiten Depressionsschub jedoch möchte sie verstehen, was mit ihr geschieht, nachdem sie dieses Mal sämtliche Apps der sozialen Netzwerke gelöscht und zudem alle Benachrichtigungen ausgeschaltet hat (vgl. Z. 28 f.), weshalb sie mit verschiedenen Psychologen und Betroffenen über ihre Beobachtungen spricht. Ihre Recherche fördert folgende Erkenntnisse zutage:
Eine ständige Präsenz und Erreichbarkeit in sozialen Netzwerken erzeuge Stress (vgl. Z. 56 f.), der sich kontraproduktiv auf eine bestehende Depression auswirke; denn diese zeichne sich unter anderem dadurch aus, dass der Betroffene ohnehin schon „sehr wenig Energie" (Z. 46) habe – im Grunde sogar zu wenig, um zusätzliche (psychische) Belastungen ertragen und/ oder mit Menschen umgehen zu können (vgl. Z. 47 ff.).
Demzufolge wolle und könne der Patient in labilen Phasen „nicht sehen, wie schön das Leben anderer Leute" (Z. 57 f.) sei, zumal gerade „Depressive [...] ungeheuer kreativ [seien], wenn es darum geh[e], sich davon zu überzeugen, dass sie Loser [seien]" (Z. 108 f.). Erschwerend komme dabei hinzu, dass die digitale Kommunikation in sozialen Netzwerken nicht kommunikativ, sondern vielmehr narzisstisch sei (vgl. Z. 109 f.).
Aus Sicht der Verfasserin äußert sich dieser Hang zum Narzissmus in einer besonders positiven Selbstdarstellung in den sozialen Netzwerken (vgl. Z. 109 ff.), um durch möglichst viele sogenannte „Likes" die gewünschte Anerkennung zu erfahren. Dies wiederum führe auf längere Sicht zur Selbstentfremdung, da das vermittelte Bild und die eigene Gefühlslage zunehmend auseinanderklafften (vgl. Z. 124 ff.), was zugleich das „plötzlich[e] Gefühl der Minderwertigkeit" (Z. 87 f.) Krauses erkläre.
Ebenfalls wenig förderlich während eines Depressionsschubes seien die „gekünstelten Dialog[e]" (Z. 119) in den sozialen Netzwerken, gekennzeichnet durch zahlreiche Posts der Nutzer, welche keinen Bezug aufeinander nehmen würden (vgl. Z. 114). Diese „oberflächliche Interaktion" suggeriere eine „falsche Nähe" (Z. 129).
Aufgrund ihrer eigenen Erfahrungen gelangt die Autorin alles in allem zu dem Schluss, dass soziale Netzwerke zur „Flucht vor der Realität" (Z. 133 f.) verführen würden („Eskapismus", Z. 76), wobei aus ihrer Sicht „Facebook das gefährlichste" (Z. 138) darunter sei. Mit diesem Bewusstsein werde sie ihren „eigenen Umgang mit sozialen Netzwerken finden müssen [...]: [nämlich] durch Aufklärung und Selbstbeherrschung" (Z. 139 ff.).

Bei **Text B** handelt es sich um Stefan Niggemeiers Kommentar „Cybergesellschaft. Das wahre Leben im Netz" (vgl. **Schülerarbeitsheft**, S. 22 ff.). Wie der Titel indirekt bereits andeutet, setzt sich der Autor mit den Möglichkeiten, wirkliche Freundschaften in sozialen Netzwerken aufzubauen und zu pflegen, konstruktiv und weitestgehend sachlich auseinander.

In seinem Plädoyer für soziale Netzwerke als zusätzliche zwischenmenschliche Kommunikationsplattform greift er bestehende Vorurteile auf, die seines Erachtens in der negativ konnotierten Metapher „Cyberspace" (Z. 45) begründet seien und letztlich zur „Verteufelung des

Internets" (Z. 49) im Allgemeinen und der sozialen Netzwerke im Speziellen (vgl. Z. 8 ff. und Z. 35 ff.) führen würden.

Um die Gegenposition ad absurdum zu führen und zu entkräften, bedient er sich dabei zum einen rhetorischer Fragen: „Wie bizarr ist es, dass im öffentlichen Diskurs ausgerechnet das Medium gering geschätzt wird, das eine Kommunikation möglich macht, die nicht flüchtig ist?" (Z. 91) Zum anderen zeigt er erkennbare Widersprüche auf: „Dass wir dem, was im Internet passiert, die Echtheit absprechen, ist umso bemerkenswerter, als wir Kindern und Jugendlichen doch sonst ganz im Gegenteil vermitteln wollen, dass das Internet kein von der Welt abgekoppelter Raum ist und dass das, was sie online tun, offline Konsequenzen hat." (Z. 52 f.)

Niggemeier schließt seinen Kommentar konsequenterweise mit seinem indirekten Appell an die Leser, den Gebrauch sozialer Netzwerke differenzierter zu beurteilen, indem er das eingangs dargestellte vermeintliche Negativbeispiel wiederaufgreift: „Für Menschen, die Robin Meyer-Lucht und Jörg-Olaf Schäfers im Netz betrauert haben, waren die vielen Online-Kommentare sicher eine Form der tröstenden Umarmung. Das ersetzt keine tatsächliche Berührung, aber es ist eine Bereicherung, und sie ist echt und nicht virtuell." (Z. 99 ff.)

Da sich beide Autoren letztlich den Risiken der Nutzung sozialer Netzwerke widmen, wenngleich sie sich diesem Thema anders annähern und unterschiedliche Positionen einnehmen, bietet sich hier als Unterrichtsmethode das Lerntempoduett an, bei dem zugleich der unterschiedlich schnellen Arbeitsweise der Kursteilnehmer Rechnung getragen wird. Die zentralen Aufgabenstellungen im Rahmen des Lerntempoduetts entnehmen die Schülerinnen und Schüler dem **Schülerarbeitsheft** (S. 24 f.):

■ *Erläutern Sie die Positionen, welche die Verfasser gegenüber den sozialen Netzwerken einnehmen, und wie sie diese begründen.*

■ *Fassen Sie die Chancen und Risiken im Umgang mit diesem digitalen Medium stichwortartig zusammen. Beziehen Sie neben den vorliegenden Informationen auch eigene Erfahrungen und Wissensbestände in Ihre Überlegungen ein.*

■ *Beurteilen Sie beide Texte unabhängig voneinander im Hinblick darauf, ob diese eher tatsachenbetont (= informierend) oder meinungsbetont (= argumentierend) sind.*

■ *Bestimmen Sie die jeweilige Textsorte dieser im Journalismus gängigen Darstellungsformen.*

Die Ergebnisse dieser Textanalyse können zu folgendem Tafelbild zusammengefasst werden:

> **Soziale Netzwerke – Zwei konträre Positionen**
>
> **Text A (S. 19 ff.)**
> - ständige Präsenz und Erreichbarkeit in sozialen Netzwerken erzeugen Stress (vgl. Z. 56 f.)
> - Kommunikation in sozialen Netzwerken ist nicht kommunikativ, sondern narzisstisch (vgl. Z. 109 f.)
>   - „gekünstelte[r] Dialog" (Z. 119) durch zahlreiche Posts, ohne aufeinander Bezug zu nehmen (vgl. Z. 114)
>   - Hang zu einer (zu) positiven Selbstdarstellung (vgl. Z. 109 ff.) führt zur Selbstentfremdung (vgl. Z. 124 ff.)
>   → „falsche Nähe und oberflächliche Interaktion" (Z. 129)
> - soziale Netzwerke verführen zur „Flucht vor der Realität" (Z. 133 f.)
>   → „Eskapismus" (Z. 76)
>
> **Text B (S. 22 ff.)**
> - soziale Netzwerke sind nur eine zusätzliche zwischenmenschliche Kommunikationsplattform, kein Ersatz (vgl. Z. 61 f. und Z. 99 ff.)
> - Vermittlung eines medienkritischen Umgangs mit sozialen Netzwerken in der Schule steht im Widerspruch zur Überzeugung, dass Freundschaften im „Cyberspace" (Z. 45) nicht real seien (vgl. Z. 52 ff.)
>   → pauschale „Verteufelung" (Z. 49) des Mediums erscheint unangemessen (vgl. Z. 91 ff.)
>
> ↓
>
> Während Krause ausschließlich die Risiken der Nutzung sozialer Netzwerke betont, fordert Niggemeier eine differenziertere Beurteilung dieses Mediums ein.

Die Aufgaben 3 und 4 (vgl. **Schülerarbeitsheft**, S. 25) dienen in diesem Zusammenhang zugleich als Hinführung zum nächsten Lernabschnitt „Die Zeitung als Massenmedium" (vgl. Baustein 2, S. 31 ff.), mit dem sich die Kursteilnehmer einen ersten Überblick über gängige Formate im Journalismus verschaffen sollen:

Text A (vgl. **Schülerarbeitsheft**, S. 19 ff.) ist in der Ich-Form verfasst. Die Autorin berichtet im Kern von ihren persönlichen Erfahrungen und Erlebnissen im Umgang mit sozialen Netzwerken und nimmt diese als Ausgangspunkt für eine umfassende Recherche zu diesem Thema. Aufgrund der nicht nur zahlreichen, sondern zudem breit gefächerten Hintergrundinformationen, die Krause den Lesern als Ergebnis ihrer Bemühungen in eher sachlichem Stil liefert, ist der Beitrag zum einen sehr viel umfangreicher als der zweite und zum anderen überwiegend informierend. Text A kann daher der journalistischen Textsorte „Reportage" zugeordnet werden.

Text B (vgl. **Schülerarbeitsheft**, S. 22 ff.) hingegen ist eindeutig argumentierend. Ein wesentliches Indiz hierfür ist der im Vergleich zu Text A verstärkte Gebrauch von Stilmitteln mit meinungsbildendem Charakter, wie etwa die an den Leser gerichteten rhetorischen Fragen (vgl. Z. 91 f.). Niggemeiers Beitrag, der mit dem eingangs geschilderten Beispiel über eine im sozialen Netzwerk „Facebook" verbreitete Suchmeldung und kurz darauf gepostete und vielfach kommentierte Todesmeldung (vgl. Z. 4 ff.) ein zum Entstehungszeitpunkt aktuelles und zudem brisantes Ereignis aufgreift und bewertet, ist somit der im Journalismus häufig vertretenen Darstellungsform „Kommentar" zuzuschreiben.

1.4.2 Medienkritik – Ein (populär-)wissenschaftlicher Ansatz

Nach dieser ersten inhaltlichen Annäherung an das Thema „Medienkritik" am Beispiel der sozialen Netzwerke sollen die Schülerinnen und Schüler im Folgenden einen medienkritischen Sachtext genauer analysieren. Hierzu ist es in einem ersten Schritt erforderlich, ihnen geeignete Kriterien an die Hand zu geben, die anhand des im **Schülerarbeitsheft** (S. 25 ff.) abgedruckten Auszuges aus Marcus S. Kleiners Abhandlung „Medien, Gesellschaft und Kritik" systematisiert werden können:

■ *Erstellen Sie auf der Grundlage des vorliegenden Textes eine Mindmap zu den verschiedenen Aspekten der Medienkritik, wie z. B.:*
- *Ebenen und Inhalte der Medienkritik*
- *Akteure und Ausführende*
- *Ausrichtungen der Medienkritik*
- *Kennzeichen einer demokratischen Medienkritik*

Eine Mindmap kann in etwa so aussehen:

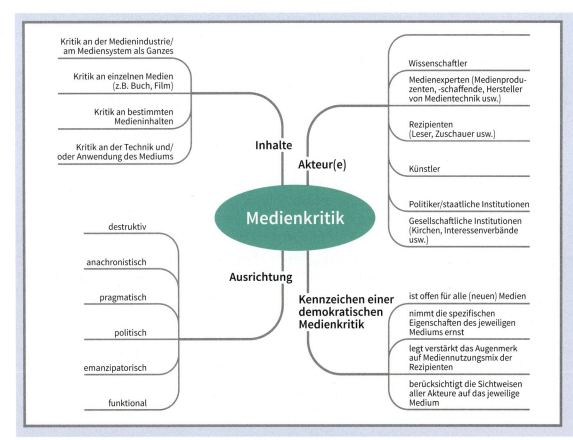

In einem zweiten Schritt soll Jürgen Marks Kommentar „Facebook und WhatsApp: Die unheimlichen Netzwerke" mithilfe der zuvor erarbeiteten Kriterien analysiert werden:

Akteur der zu analysierenden Medienkritik ist zunächst einmal ein Journalist, der bereits für verschiedene namhafte überregionale Tageszeitungen und Nachrichtenmagazine wie etwa für DIE WELT und Focus tätig gewesen ist. Mittlerweile arbeitet Jürgen Marks als stellvertretender Chefredakteur bei der Augsburger Allgemeinen, bei der er für die digitalen Angebote und Lokalteile in und um Augsburg verantwortlich ist.
Vor diesem Hintergrund ist daher davon auszugehen, dass der Verfasser sich intensiv mit den Vor- und Nachteilen der verschiedenen Dienste und sozialen Netzwerke im Internet be-

schäftigt hat und der Leser seine Meinung aus diesem Grunde nicht einfach ignorieren kann. Seine Kritik, deren Ausrichtung eindeutig als politisch eingestuft werden muss und die in mahnendem Stil verfasst ist, richtet sich nicht gegen das Internet als solches, welches grundsätzlich nicht infrage gestellt wird, oder dessen verschiedene Dienste, sondern zielt speziell auf die ökonomischen und gesellschaftlichen Gefahren der Fusion Facebooks mit WhatsApp und der damit verbundenen „unheimliche[n Markt-]Macht dieser Netzwerke" (Z. 13 f.) (Kritikebene: **Medienindustrie/-system**).

Letzteres veranschaulicht er durch einen bildhaften Vergleich der rigorosen Geschäftspraktiken des 1. FC Bayern München als Marktführer der Fußball-Bundesliga: „Kommt [diesem Verein] ein Konkurrent zu nahe, kauft er ihm die besten Spieler weg. In der Internet-Wirtschaft hat Social-Media-Primus Facebook die Bayern-Methode perfektioniert. Bedroht ein Rivale seine Vormachtstellung, erwirbt er gleich das ganze Unternehmen." (Z. 5 ff.)

Auf diese Weise avanciere Facebook zum „Zentralorgan der digitalen Kommunikation" (Z. 2 und Z. 43 f.), was aus Sicht des Autors gefährlich ist (vgl. Z. 45), denn der „SMS-Killer" (Z. 9) WhatsApp habe in Deutschland schon jetzt „30 Millionen meist junge Nutzer" (Z. 10), weltweit sogar bereits „450 Millionen [...]. Tendenz stark steigend" (Z. 30). Zusammen mit den „mehr als [...] 1,2 Milliarden Facebook-Mitglieder[n]" (Z. 31) könne der „Internet-Gigant" (Z. 45 f.) in heute schwer vorstellbarem Umfang „unsere Vorlieben [studieren], [...] heimlich Nutzerprofile [erstellen], [...] uns personalisierte Werbung [zeigen] oder [...] sich auch mal von interessierten Nachrichtendiensten über die Schulter schauen" (Z. 46 ff.) lassen.

Der gläserne Mensch, der vor allem „Spaß an digitaler Kommunikation haben" (Z. 23) wolle („Suchtgefahr inklusive", Z. 24), sei dabei das fast schon untergeordnete gesellschaftliche Problem in einer medialen, global vernetzten Welt. Hinzu gesellt sich darüber hinaus jedoch eine wirtschaftliche Dimension, der sich eine Volkswirtschaft zu stellen habe und die Marks mithilfe von Analogien verdeutlicht: In der Weise, wie sich Amazon unaufhaltsam „zum Welt-Kaufhaus entwickelt" (Z. 42 f.) habe und der „Such-Riese Google" (Z. 40) bereits versuche, „unseren Haushalt zu organisieren" (Z. 41), wachse Facebook/WhatsApp durch die Unternehmenskonzentration zu einer weiteren „Datenkrak[e]" (Z. 46).

Die drei US-amerikanischen Konzerne haben damit eines gemein: Sie „dominieren das Internet [schon] heute nach Belieben", sodass „in der digitalen Wirtschaft [...] Deutschland und Europa keine Rolle [spielen]" (Z. 39 f.). Vor diesem Hintergrund beschließt der Journalist seine Ausführungen mit einem Appell bzw. einer Warnung an die Leser, „bei aller Freude an der digitalen Unterhaltungswelt [...] nicht [zu] vergessen, dass die[se] Anbieter alles andere sind als Wohltätigkeitsorganisationen" (Z. 49 ff.).

Die im **Schülerarbeitsheft** (S. 29) formulierten Aufgabenstellungen sollen die Kursteilnehmer dabei unterstützen, sukzessive zu einer schriftlichen Analyse der Medienkritik zu gelangen:

- *Lesen Sie den Text und entscheiden Sie, welche der folgenden Thesen zutreffend sind. Begründen Sie Ihre Auswahl.*

- *Fassen Sie die Position des Autors zu den sozialen Netzwerken in einem prägnanten Satz zusammen.*

- *Markieren Sie die Argumente, mit denen Jürgen Marks seine Einstellung begründet.*

- *Analysieren Sie die vorliegende Medienkritik stichwortartig mithilfe Ihrer Mindmap hinsichtlich des Inhalts, des Akteurs sowie der Ausrichtung (vgl. S. 27).*

- *Untersuchen Sie die sprachliche Gestaltung des Textes und ihre Wirkung. Achten Sie dabei insbesondere auf Wortwahl, Schreibstil und Syntax.*

■ *Führen Sie Ihre bisherigen Ergebnisse zu einer umfassenden Textanalyse in Form eines Fließtextes zusammen.*

Die wesentlichen Ergebnisse der Textanalyse können bei Bedarf zu folgendem Tafelbild zusammengefasst werden:

> **Medienkritik:**
> **„Facebook und WhatsApp: Die unheimlichen Netzwerke" (Jürgen Marks)**
>
> *Kritikebene/-inhalte*
> Medienindustrie bzw. Mediensystem insgesamt
> - gesellschaftliches Problem: gläserner Mensch in einer medialen, global vernetzten Welt, der vor allem „Spaß an digitaler Kommunikation haben [wolle]. Suchtgefahr inklusive" (Z. 23 ff.)
> - ökonomisches Problem: Marktmacht der US-amerikanischen „Internet-Giganten" (Z. 45), die schon heute „das Internet [...] nach Belieben [dominieren]" (Z. 39 f.)
>
> *Akteur*
> - Jürgen Marks
>   - früher als Journalist für namhafte Tageszeitungen (DIE WELT) und Nachrichtenmagazine (Focus) tätig
>   - heute stellvertretender Chefredakteur bei der Augsburger Allgemeinen
> - unter anderem für das Ressort „digitale Angebote" der Zeitung verantwortlich
>
> *Ausrichtung*
> politisch
>
> *Sprachliche Gestaltung*
> - bildhafter Vergleich: Übertragung der „Bayern-Methode" (Z. 6) auf die Fusion von Facebook mit WhatsApp
> - Analogie: Veranschaulichung der Monopolstellungen auf dem digitalen Weltmarkt
>   - Amazon = „Welt-Kaufhaus" (Z. 42)
>   - Google = „Such-Riese", der versucht, „unseren Haushalt zu organisieren" (Z. 40 f.)
>   - Facebook/WhatsApp = „Datenkrake" (Z. 46)

Im Sinne eines Fazits bei der Verschriftlichung der Textanalyse erscheint es sinnvoll, die Ergebnisse der zweiten Aufgabe in einem abschließenden Unterrichtsgespräch zu thematisieren. Die erwarteten Schülerleistungen können dabei sinngemäß wie folgt lauten: „Jürgen Marks warnt im vorliegenden Text vor der scheinbar unaufhaltsamen Vereinnahmung und Instrumentalisierung von Nutzern sozialer Netzwerke durch deren Betreiber für eigene wirtschaftliche Zwecke."

1.5 *Exkurs*: Materialgestütztes Verfassen eines informierenden Textes

Mit Beginn der schriftlichen Abiturprüfung 2016 wird länderübergreifend mit dem sogenannten „materialgestützten Schreiben" ein neuer Aufgabentyp eingeführt, der eingeübt werden sollte. Je nach Leistungsvermögen der Lerngruppe erfolgt dieser Arbeitsschritt entweder zusätzlich <u>oder</u> alternativ, indem die Abschnitte 1.1 bis 1.3 (S. 10 ff.) allenfalls in (stark) verkürzter Form im Unterricht behandelt werden, um inhaltliche Doppelungen zu vermeiden.

Baustein 1: Medien im Wandel

Dieser Aufgabentyp überprüft vornehmlich die erworbenen Kompetenzen der Schülerinnen und Schüler in den Bereichen „Schreiben" und „Sich mit Texten und Medien auseinandersetzen", indem mit der Formulierung einer Ausgangssituation nicht nur ein situativer Kontext geschaffen, sondern zugleich ein bestimmter Adressatenbezug von den Verfassern verlangt wird.

Ziel dieser Aufgabe ist es, einen bestimmten (häufig journalistischen) Text unter Verwendung der vorgegebenen Materialien, welche sowohl aus linearen als auch diskontinuierlichen Texten (Tabellen, Diagramme usw.) bestehen können, zu verfassen. Dieses Handlungsprodukt soll nicht nur inhaltlich angemessen kohärent sein, sondern insbesondere auch „aufgabenadäquat, konzeptgeleitet, adressaten- und zielorientiert, normgerecht, sprachlich variabel und stilistisch stimmig"[1] gestaltet werden.

Bei diesem Aufgabentyp rückt die Darstellungsleistung der Schülerinnen und Schüler in zunehmendem Maße in den Mittelpunkt der Bewertung: Aus mehreren Quellen müssen sie „Relevantes für die eigene Textproduktion auswählen und in geeigneter Form aufbereiten"[2] und eine Schreibstrategie entwickeln, um ihre eigene Position zu „strittige[n] oder fragliche[n] Sachverhalte[n] unter Bezug auf [...] pragmatische Texte unterschiedlicher medialer Form und auf eigenes Wissen [...] in Anlehnung an journalistische, populär-wissenschaftliche oder medienspezifische Textformen"[3] argumentativ darzulegen.

Neu ist auch, dass bei diesem Vorschlag lediglich eine komplexe Aufgabenstellung formuliert wird, welche alle drei Anforderungsbereiche[4] gleichermaßen abdeckt, denn im Rahmen der eigenen Textproduktion müssen die Schülerinnen und Schüler „für den eigenen Erkenntnisprozess vielschichtige, voraussetzungsreiche Sachtexte, darunter auch wissenschaftsnahe und berufsbezogene Fachtexte aus unterschiedlichen Domänen [nutzen]. Sie erschließen, analysieren und beurteilen [somit] Gehalt, Kontext und Wirkungsabsicht"[5] der vorgegebenen Materialien, um zu einer umfassenden Darstellung des Sachverhalts (materialgestütztes Verfassen informierender Texte) bzw. einem fundierten eigenen Urteil (materialgestütztes Verfassen argumentierender Texte) zu gelangen.

Die in der Aufgabenstellung formulierten Vorgaben haben dabei „die Funktion, die absolute Offenheit der Aufgaben einzuschränken, die Arbeit zu kanalisieren, sie in eine bestimmte Richtung zu lenken, um nicht zuletzt auch geeignete Bewertungskriterien nennen zu können, sodass Lösungen zwar vielfältig, aber nicht beliebig sein können"[6]. Erwartet werden somit bestimmte (journalistische) Textsorten, deren Aufbau, Sprache und Stil unter Umständen konstitutiv sind.

Im Zusammenhang mit materialgestützten Aufgaben ist somit zu empfehlen, die Strukturmerkmale gängiger Formate gegebenenfalls an Beispielen zu wiederholen, wobei eine Reduktion auf folgende <u>informativ</u> ausgerichtete bzw. tatsachenbetonte Textsorten sinnvoll erscheint: Bericht, Reportage, Interview und Vorwort.

Um die Schülerinnen und Schüler auf diesen neuen Aufgabentyp einzustimmen, bearbeiten sie den Schreibauftrag im **Schülerarbeitsheft** (S. 29) sinnvollerweise in Einzelarbeit. Den Lernenden sollte an dieser Stelle deutlich gemacht werden, dass bei diesem Aufgabenformat eine andere Art der Dokumentation bzw. Präsentation der Ergebnisse (hier: Vorwort) erwartet wird. Hilfen zum Verfassen eines informierenden Textes hält der Anhang 3 (vgl. **Schülerarbeitsheft**, S. 62) bereit.

---

[1] KMK: Bildungsstandards im Fach Deutsch für die Allgemeine Hochschulreife. Beschluss der Kultusministerkonferenz vom 18.10.2012. Berlin 2012, S. 16. Zitiert nach URL: www.kmk.org/fileadmin/veroeffentlichungen_beschluesse/2012/2012_10_18-Bildungsstandards-Deutsch-Abi.pdf (Abrufdatum: 2014-04-26)
[2] Ebd.
[3] KMK: a.a.O., S. 17f.
[4] Vgl. KMK: a.a.O., S. 27
[5] KMK: a.a.O., S. 22
[6] Vgl. Schumacher, Arne: Die neuen Aufgabenarten im schriftlichen Abitur. Materialgestütztes Verfassen von Texten. In: Fachverband Deutsch im Deutschen Germanistenverband (Hrsg.): Rundbrief 45. Windeby 2013, S. 24

Da der zu verfassende Text anschließend evaluiert und überarbeitet werden soll, empfiehlt es sich, den Text mithilfe eines Computers verfassen zu lassen.

> ■ *Die Redaktion des Online-Jugendmagazins **jetzt.de** der Süddeutschen Zeitung plant die Veröffentlichung ihrer aktuellen Studie zum Thema „Smartphone, Facebook & Co. – Digitale Technik als ständiger Begleiter der Pubertät" und beauftragt Sie, das Vorwort zu schreiben.*
> *Verfassen Sie ein Vorwort mit einer Länge von etwa 800 Wörtern, in welchem Sie die Leser über Art und Umfang der Mediennutzung von Jugendlichen in Deutschland sowie die möglichen Auswirkungen für den Einzelnen und die Gesellschaft informieren und Sie zum zentralen Thema der Studie „Smartphone, Facebook & Co. – Digitale Technik als ständiger Begleiter der Pubertät" hinführen.*
> *Beziehen Sie neben den vorliegenden Materialien (vgl. Abschnitte 1.3 – 1.4, S. 15 ff.) auch eigene Wissensbestände sowie aktuelle Schaubilder in Ihre Ausführungen ein.*

Ergänzend zu den Hinweisen auf dem Arbeitsblatt können bei Bedarf die verschiedenen Anforderungsbereiche mithilfe einer Folie visualisiert werden:

Die Anforderungsbereiche im Fach Deutsch

AFB I: Reproduktion
- Wiedergabe von Sachverhalten und Kenntnissen im gelernten Zusammenhang
- Anwendung eingeübter Arbeitstechniken und Verfahren

AFB II: Reorganisation und Transfer
- selbstständiges Auswählen, Verarbeiten, Erklären und Darstellen bekannter Sachverhalte unter vorgegebenen Gesichtspunkten
- selbstständiges Übertragen und Anwenden des Gelernten auf vergleichbare neue Zusammenhänge und Sachverhalte

AFB III: Reflexion und Problemlösung
- Verarbeiten komplexer Sachverhalte mit dem Ziel selbstständiger Lösungen, Gestaltungen oder Deutungen, Folgerungen, Verallgemeinerungen, Begründungen und Wertungen
- selbstständige Wahl geeigneter Arbeitstechniken und Verfahren zur Bewältigung der Aufgabe und Anwendung auf neue Problemstellung
- Reflexion des eigenen Vorgehens

Da die einzelnen Materialien bereits in den vorangegangenen Abschnitten umfangreich besprochen wurden (vgl. Abschnitte 1.3 – 1.4, S. 15 ff.), soll an dieser Stelle lediglich auf Möglichkeiten der Auswertung bzw. (Selbst-)Evaluation der erstellten Handlungsprodukte der Kursteilnehmer eingegangen werden (vgl. **Arbeitsblatt 1**, S. 28 ff.).

Schumacher formuliert in seinem Aufsatz „Die neuen Aufgabenarten im schriftlichen Abitur. Materialgestütztes Verfassen von Texten" mögliche Kompetenzen der Schülerinnen und Schüler, auf welche sie bei der Textproduktion zurückgreifen müssen und die zum Teil auch operationalisierbar sind:[1]

---
[1] Vgl. Schumacher, Arne: a. a. O., S. 23

Baustein 1: Medien im Wandel

> **1. Aktivierung des unterrichtlichen Vorwissens**
> - Inhaltsaspekte
> - Methoden der Textrezeption
> - Analysemethoden
> - Wissen um Schreibfunktionen
> - Wissen um Sprachfunktionen
> - konzeptionelles Wissen über das Planen des Schreibprozesses
>
> **2. Analyse der konkreten Aufgabe**
> - Analyse und Verstehen der Aufgabenstellung
> - Kenntnis der Operatoren
> - Erfassen oder Festlegen des Schreibziels
> - Verstehen des Materials
> - Verstehen der Kommunikationssituation
> - Antizipation der Erwartungen von Adressaten
> - Kenntnis der verlangten Textformen
> - Kenntnisse über Textmuster
>
> **3. Inhaltliche Themenentfaltung und -festlegung**
> - Sammlung und Ordnung enzyklopädischer, deklarativer Informationen bzw. Argumentationen
> - Ergänzung durch Kontextwissen
> - Entwicklung von Ideen
>
> **4. Festlegung einer Textstruktur bzw. Gliederung**
>
> **5. Realisierung sprachlicher Mittel (Formulierung)**
>
> **6. Überarbeiten von Orthografie, Morphologie, Lexik, Semantik, Textkohärenz, Stilistik, Layout**

Ergänzend hierzu lassen sich auch aus dem Anhang der Bildungsstandards, konkret den „Illustrierenden Prüfungsaufgaben zum Erwerb der Allgemeinen Hochschulreife im Fach Deutsch"[1], Kriterien entnehmen, welche für die Bewertung der Handlungsprodukte herangezogen und gegebenenfalls an die jeweilige Aufgabenstellung angepasst werden können. Demnach ist die Schülerleistung bei einer materialgestützten Aufgabe mit **„gut"** (11 Punkten) zu bewerten, wenn ...

- das Material präzise und differenziert, sachgerecht und aufgabenadäquat erfasst, ausgewählt, ausgewertet und bearbeitet wird.
- die Möglichkeiten des Materials erkannt und für die eigene Konzeption überzeugend genutzt werden.
- eine inhaltlich und stilistisch gelungene Informations- und Argumentationsstrategie zielorientiert und adressatenbezogen entfaltet wird.
- erkennbares, für die Aufgabenstellung relevantes Vorwissen zielführend eingesetzt wird (fakultativ).
- der zu verfassende Text durchgängig kohärent gestaltet wird.
- komplexe Gedankengänge prägnant und anschaulich entfaltet und ggf. eigenständige Positionen entwickelt werden.
- die entwickelten Gedanken sachlich, syntaktisch schlüssig und variabel sowie begrifflich präzise und differenziert formuliert sind.

---

[1] KMK: a.a.O., S. 155ff.

- die erforderlichen Darstellungsschritte folgerichtig und konsequent angeordnet werden, wobei unterschiedliche Gliederungsformen denkbar sind.
- fachspezifische Verfahren und Begriffe überlegt angewandt werden.
- eine deutliche sprachlich-analytische Distanz zum Stil der Textvorlage besteht.
- Belege und Quellen weitestgehend korrekt zitiert bzw. paraphrasiert und geschickt in den eigenen Text integriert werden.
- die sichere Beherrschung standardsprachlicher Normen nachgewiesen wird.
- die Leserführung durch optische Markierung der Struktur (z. B. Absätze) und eine angemessene äußere Form unterstützt wird.[1]

Um die Qualität des selbst verfassten Textes besser einschätzen und ihn anschließend zielgerichtet überarbeiten zu können, erhalten die Schülerinnen und Schüler das **Arbeitsblatt 1** (S. 28 ff.), das einen auf den o. a. Quellen beruhenden Bewertungsbogen enthält, welcher wiederum vom jeweiligen Sitznachbarn auszufüllen ist.

■ *Tauschen Sie den von Ihnen verfassten Text mit Ihrem Sitznachbarn und bewerten Sie dessen Entwurf mithilfe der oben angeführten Kriterien.*

■ *Lesen Sie die Bewertung Ihres eigenen Textes und überarbeiten Sie diesen entsprechend.*

Notizen:

___

[1] KMK: a. a. O., S. 162

Bewertung des Schreibproduktes

A Inhalt

Festlegung und Entfaltung des Themas	++	+	o	–	– –
Sie wählen die für Ihre eigene Konzeption relevanten Informationen aus den umfangreichen Materialien aus und nutzen diese überzeugend.					
Sie informieren den Leser über Art und Umfang der Mediennutzung Jugendlicher in Deutschland präzise, differenziert, sachgerecht und aufgabenadäquat.					
Sie ergänzen die vorgegebenen Informationen durch eigenes, relevantes Kontextwissen.					
Sie erläutern mögliche und unvermeidliche Folgen der Mediennutzung für die persönliche und berufliche Entwicklung der Jugendlichen sowie die Gesellschaft.					
Sie entfalten dabei eine inhaltlich und stilistisch gelungene Hinführung zur zentralen Problemfrage („Smartphone, Facebook & Co. – Digitale Technik als ständiger Begleiter der Pubertät?").					

Bemerkungen: _____

Realisierung der vorgegebenen Textsorte (Vorwort)	++	+	o	–	– –
Sie verzichten auf Ihre subjektive Meinung zu dem Thema, sondern stellen die Fakten in den Mittelpunkt Ihrer Ausführungen.					
Sie setzen ausgewählte, im Journalismus gängige sprachliche Mittel (z. B. Metapher, rhetorische Frage) gezielt ein und achten dabei auf mehrheitlichen Gebrauch syntaktischer Stilmittel (z. B. Anapher, Parallelismus, Chiasmus).					
Sie sprechen Ihre Leser mithilfe von Pronominalformen der 1. Person Singular direkt an.					

Bemerkungen: _____

Umfang, Prägnanz und Anschaulichkeit	++	+	o	–	– –
Sie achten auf eine angemessene Prägnanz der gegebenen Informationen im Sinne von Textsorte und Adressaten (weder zu knapp noch zu ausschweifend).					
Sie veranschaulichen die dargestellten Zusammenhänge durch geschickt gewählte Beispiele.					

Bemerkungen: _____

Umgang mit Informationsquellen	+ +	+	o	–	– –
Sie kennzeichnen fremdes geistiges Eigentum, indem Sie die Quellen der den Materialien entnommenen Informationen explizit oder implizit nennen.					
Sie integrieren die Belege und Quellen geschickt in Ihren eigenen Text (z. B. „Die JIM-Studie aus dem Jahre 2015 hat ergeben, ...").					

Bemerkungen: _____

B Darstellung

Aufbau und Folgerichtigkeit der Darstellung	+ +	+	o	–	– –
Sie leiten Ihren Text in leserfreundlicher Weise ein.					
Sie verdeutlichen sachlogische Zusammenhänge durch angemessene Verknüpfung der Informationen.					
Sie erleichtern die Lesbarkeit Ihres Textes, indem Sie dessen Struktur optisch mithilfe von Absätzen markieren und auf eine angemessene äußere Form achten.					

Bemerkungen: _____

Adressatenbezug im Sinne der Aufgabenstellung	+ +	+	o	–	– –
Sie identifizieren Ihre Adressaten als junge Erwachsene ohne spezielle Vorkenntnisse und verwenden eine zielgruppengemäße Sprache (z. B. Verzicht auf stark abstrahierende Ausführungen und vermeidbare Fachsprachlichkeit).					

Bemerkungen: _____

Verknüpfung unterschiedlicher Informationen	+ +	+	o	–	– –
Sie konzipieren Ihr Vorwort als Textganzes, indem Sie eine isolierte Bearbeitung einzelner Aspekte und/oder Materialien vermeiden und die Geschlossenheit Ihres Textes durch wechselseitige Bezüge verdeutlichen.					

Bemerkungen: _____

Sprache	+ +	+	o	–	– –
Sie beherrschen die standardsprachlichen Normen (Sprachrichtigkeit) und formulieren syntaktisch sicher, variabel und komplex.					
Sie drücken sich allgemeinsprachlich präzise, stilistisch sicher und begrifflich differenziert aus (sachliche Schreibweise, Schriftsprachlichkeit usw.).					

Bemerkungen: _____

_____

```
Erläuterung der Zeichen:    + +   = Anforderungen in besonderem Maße erfüllt
                             +    = Anforderungen voll erfüllt
                             o    = Anforderungen im Wesentlichen erfüllt
                             –    = Anforderungen mit Einschränkungen bzw. teilweise erfüllt
                             – –  = Anforderungen kaum bzw. nicht erfüllt
```

Aufgabe 1
Tauschen Sie den von Ihnen verfassten Text mit Ihrem Sitznachbarn und bewerten Sie dessen Entwurf mithilfe der oben angeführten Kriterien.

Aufgabe 2
Lesen Sie die Bewertung Ihres eigenen Textes und überarbeiten Sie diesen entsprechend.

Baustein 2

Die Zeitung als Massenmedium

Die Wahlpflichtmodule ergänzen oder vertiefen bestimmte Aspekte des Pflichtmoduls (vgl. Baustein 1, S. 10 ff.), indem ausgewählte Medien genauer in den Blick genommen werden: Die Medienwelt des 21. Jahrhunderts ist bunt und schnell: Informationen in scheinbar unendlicher Fülle sind nicht nur stets aktuell, sondern zudem überall und jederzeit verfügbar. Für den Einzelnen wird es somit immer schwerer, nicht die Orientierung zu verlieren. Ein Medium, das versucht, dem interessierten Leser im Informationsdschungel einen Überblick zu geben und das Weltgeschehen richtig einzuordnen, ist die (überregionale) Tageszeitung.

In diesem Baustein sollen die Schülerinnen und Schüler erfahren, wie eine Zeitung überhaupt entsteht und von welcher Zielgruppe das Printmedium eigentlich genutzt wird. In diesem Zusammenhang setzen sie sich auch mit den Überlebenschancen dieses klassischen Mediums im digitalen Zeitalter kritisch auseinander, sodass die Bedeutung der Zeitung heute problematisiert wird. Indem sie gängige Textsorten im Journalismus exemplarisch analysieren und abschließend einen informierenden Text selbst verfassen (vgl. Abschnitt 2.5, S. 37 f.), lernen die Schülerinnen und Schüler zudem die spezifische Gestaltung journalistischer Textsorten sowie deren Wirkung kennen und beurteilen deren ästhetische Qualität.

2.1 Printmedien in Deutschland – Ein überholtes Modell?

In der ersten Hälfte des 20. Jahrhunderts erlebt die Zeitung ihre Blütezeit und avanciert schnell zum Massenmedium, das sich zum Ziel setzt, seine Leser von Montag bis Sonntag über aktuelle Nachrichten und Geschehnisse in der Welt umfassend zu informieren. Um einen solchen Service realisieren zu können, ist eine Vielzahl von Personen und technischen Einrichtungen erforderlich – ein Räderwerk, das perfekt zusammenspielen muss.

Um sich einen Überblick über den Produktionsprozess zu verschaffen, lesen die Schülerinnen und Schüler den Beitrag „Vom aktuellen Ereignis aus der Welt bis zur Zeitung am Frühstückstisch" (vgl. **Schülerarbeitsheft**, S. 31 ff.) und leiten aus diesem Wissen die Stärken und Schwächen dieses klassischen Mediums ab:

Eine wesentliche Stärke des Mediums Zeitung ist die Selektion der unbegrenzten Meldungen und Informationen aus Deutschland und der Welt, die täglich in der Redaktion auflaufen. In einem digitalen Zeitalter, in welchem jeder unkontrolliert Nachrichten im Internet verbreiten kann – noch dazu unabhängig davon, ob diese wahr sind oder nicht –, wird die originäre Aufgabe der Journalisten, eine geeignete Vorauswahl zu treffen, also Wesentliches von Unwesentlichem und Richtiges vom Falschen zu trennen[1], und zudem „die Dinge [richtig] einzuordnen" (Z. 20), immer wichtiger. Lediglich das „Wie hat sich [durch Aufkommen digitaler Medien] geändert, nicht das Wozu"[2].

---

[1] Vgl. Niggemeier, Stefan: Vorteil Internet. In: Weichert, Stephan/Kramp, Leif/Jakobs, Hans-Jürgen (Hrsg.): Wozu noch Journalismus? Wie das Internet einen Beruf verändert. Vandenhoeck & Ruprecht. Göttingen 2010, S. 46
[2] Ebd.

Baustein 2: Die Zeitung als Massenmedium

Die Zeitung gibt dem Leser angesichts des Informationsüberflusses die nötige Orientierung und Stabilität[1]. Die hier tätigen Journalisten klären ihre Zielgruppe auf, wägen konträre Meinungen gegeneinander ab und gelangen am Ende zu einer „verlässliche[n] Einordnung des Weltgeschehens"[2], indem sie sich einer Position begründet anschließen.

Eine weitere Stärke des Mediums Zeitung in diesem Zusammenhang ist die fundierte Recherche durch ausgebildete, professionelle Journalisten (vgl. Z. 28 ff.), auch wenn sich die Rahmenbedingungen durch die gegenwärtige „Anzeigen- und Auflagenkrise"[3] und durch den damit einhergehenden Stellenabbau[4] zunehmend verschlechtern. Aufgrund der Tatsache, dass sich das Internet als neues Massenmedium bereits etabliert hat, müssen die verbleibenden Journalisten heute mittlerweile „alles gleichzeitig machen: Schreiben für die Printausgabe, für das Netz, Bloggen, Posten"[5].

Trotz dieser Widrigkeiten ist das Zeitungswesen nach wie vor um akribische Qualitätskontrolle bemüht, wie etwa die täglichen Schlagzeilenkonferenzen (vgl. Z. 45 ff.) und das abschließende Korrigieren etwaiger redaktioneller Fehler (vgl. Z. 51 f.) belegen.

Eine wesentliche Schwäche der Zeitung ist, dass sie mit der Jugend und den jungen Erwachsenen eine gesamte Generation aktuell nicht zu erreichen vermag: „Der durchschnittliche Leser der *Süddeutschen Zeitung* ist etwa 48 Jahre alt, hat mindestens Abitur und ist eher männlich als weiblich."[6] Gründe dafür, dass dieses Medium für die jugendlichen Multimedia-Nutzer offenbar nicht attraktiv genug erscheint, mag es mehrere geben: die Unhandlichkeit des Formats, das Fehlen bewegter Bilder, die konventionelle Aufmachung insgesamt usw.

Auffällig jedoch ist, dass dieses klassische Medium bei dieser Gruppe nach wie vor keine Beachtung findet, obwohl „die großen Tageszeitungen mittlerweile auch einen umfangreichen Internetauftritt"[7] haben, wie diverse Statistiken zur Mediennutzung der Jugendlichen (vgl. Abschnitt 1.3, S. 15 ff.) belegen.

Neben ihrer eingeschränkten Reichweite, bezogen auf die Zielgruppe, weist die Zeitung zudem kleinere medienimmanente Schwächen auf: Auch wenn bis zum Abend unmittelbar vor Druckbeginn noch Änderungen der Zeitungen möglich sind (vgl. Z. 56 ff.), bleibt die Aktualität der präsentierten Informationen im direkten Vergleich zum Konkurrenzmedium Internet geringer: Wenn die Zeitung am nächsten Tag in der Frühe erscheint und ihre Leser endlich erreicht, steht die nachrichtliche Information bereits seit Stunden im Netz.

Anders als im World Wide Web steht für jeden Beitrag zudem nur eine begrenzte Seitenzahl – oft auch nur eine bestimmte Anzahl von Zeilen oder gar Wörtern – zur Verfügung (vgl. Z. 23 ff.), da auch hinreichend Platz für die von Werbekunden geschalteten Anzeigen gehalten werden muss, ohne deren Einnahmen sich eine Zeitung nicht finanzieren ließe (vgl. Z. 33 ff.).

Auch der Zeitdruck, dem sich die an einer Printausgabe arbeitende Redaktion gegenübersieht, ist ungleich größer als der einer Online-Zeitung, da bei der Organisation der betrieblichen Prozesse zusätzliche Zeit für die eigentliche Distribution eingeplant werden muss (vgl. Z. 60 ff. und Z. 67 ff.). Hinzu kommt, dass logistische Abläufe grundsätzlich störanfällig sind (Pilotenstreik, Verkehrsunfall usw.) und zudem deutlich höhere Vertriebskosten verursachen (vgl. Z. 70 ff.).

---

[1] Vgl. Hamann, Götz: Wer vertraut uns noch? In: DIE ZEIT Nr. 26/2015 vom 25. Juni 2015. Hamburg 2015. Zitiert nach URL: www.zeit.de/2015/26/journalismus-medienkritik-luegenpresse-vertrauen-ukraine-krise (Abrufdatum: 2016-07-04)

[2] Ebd.

[3] Ebd.

[4] Vgl. Sorge, Petra: Zeitungssterben. Warum wir Papierpresse noch brauchen. In: Cicero Online – Magazin für politische Kultur vom 11. Oktober 2012. URL: http://archiv.cicero.de/salon/warum-wir-papierpresse-noch-brauchen/52161 (Abrufdatum: 2016-07-08)

[5] Ebd.

[6] Interview mit Kister, Kurt. In: Bayerischer Rundfunk: Grundkurs Multimedia Deutsch. Folge 3: Mediennutzung. Eigene Transkription. München 2016. URL: www.br.de/fernsehen/ard-alpha/sendungen/grundkurs-deutsch/grundkurs-deutsch-folge-3-mediennutzung100.html (Abrufdatum: 2016-07-06)

[7] Bayerischer Rundfunk: a. a. O.

Vor dem Hintergrund, dass viele Unternehmen bereits zu einer papierlosen Archivierung übergangen sind, zum einen natürlich aus praktischen Erwägungen, zum anderen aber auch im Zuge ihres Bestrebens um Nachhaltigkeit, erscheint zudem der immens hohe Papierverbrauch je Auflage aus heutiger Sicht nicht mehr zeitgemäß.

Zur Annäherung an diesen Lernabschnitt bearbeiten die Schülerinnen und Schüler die im **Schülerarbeitsheft** (S. 33) formulierten Aufgabenstellungen 1 bis 3 in Partnerarbeit:

- *Lesen Sie den vorliegenden Text und diskutieren Sie mit Ihrem Sitznachbarn/ Ihrer Sitznachbarin die Stärken und Schwächen des klassischen Massenmediums Zeitung.*

- *Erklären Sie in diesem Zusammenhang eine wesentliche Anforderung an guten Journalismus, „die Dinge [auch] einzuordnen" (Z. 20).*

- *Die großen Tageszeitungen haben mittlerweile auch einen umfangreichen Internetauftritt. Welche Gründe könnte es für diese Entwicklung geben? Notieren Sie Ihre Vermutungen thesenartig.*

Die Ergebnisse dieser Textanalyse können an der Tafel wie folgt zusammengefasst werden:

Das klassische (Massen-)Medium „Zeitung"

Stärken	Schwächen
• Orientierung des Lesers im Informationsdschungel (vgl. Z. 20 f.) – Vorauswahl der Meldungen – Einordnung des Geschehens	• hoher logistischer Aufwand durch Koordination unter permanentem Zeitdruck, Transportkosten usw. (vgl. Z. 70 ff.)
• zuverlässige Informationen durch fundierte Recherche ausgebildeter Journalisten	• geringere Aktualität der Informationen im Vergleich zum Internet (vgl. Z. 56 ff.)
• mehrfache Qualitätskontrollen im Produktionsprozess (vgl. Z. 45 ff. und Z. 51 f.)	• hoher Papierverbrauch (→ **Nachhaltigkeit**) und unhandliches Format sind unzeitgemäß

↓
Printmedien in Deutschland – Ein überholtes Modell?

Im Anschluss an dieses Zwischenergebnis (vgl. Fazit des Tafelbildes) sollte nun abschließend die Aufgabe 4 (vgl. **Schülerarbeitsheft**, S. 33) in Einzelarbeit Berücksichtigung finden:

- *Beantworten Sie die in der Kapitelüberschrift aufgeworfene Frage „Printmedien in Deutschland – Ein überholtes Modell?" für sich selbst. Notieren Sie Ihre Auffassung zum Medium Zeitung stichwortartig.*

Diese Fragestellung bildet zugleich die Überleitung zum kommenden Lernabschnitt.

2.2 Die Bedeutung des Mediums Zeitung für Jugendliche

Auf dieser Grundlage sollen die Kursteilnehmer nun ausgewählte Schaubilder zur Mediennutzung Jugendlicher und deren Haltung gegenüber dem Medium Zeitung analysieren. Das Ziel ist es, die Schülerinnen und Schüler zur Reflexion ihres eigenen Medienverhaltens anzuregen (vgl. **Schülerarbeitsheft**, S. 35):

- *Analysieren Sie die vorliegenden Schaubilder, indem Sie die relevanten Informationen zur Nutzung des Mediums Zeitung vornehmlich der jüngeren Generation und sonstige Auffälligkeiten notieren.*

- *Reflektieren Sie Ihre Lesegewohnheiten und Ihre Haltung gegenüber dem Medium Zeitung.*
  *a) Ich lese **nie/gelegentlich/regelmäßig** die (über-)regionale Tageszeitung.*
  *b) Aktuelle Informationen beschaffe ich mir **im Fernsehen/im Radio/in der Zeitung/im Internet**.*
  *c) Artikel in der Zeitung halte ich für **fachlich fundierter/glaubwürdiger/unterhaltsamer** als Beiträge in anderen Medien (z. B. Fernsehen, Internet).*

- *„Der durchschnittliche Leser der Süddeutschen Zeitung ist etwa 48 Jahre alt, hat mindestens Abitur und ist eher männlich als weiblich." (Kurt Kister) Entwickeln Sie mit Ihrem Sitznachbarn/Ihrer Sitznachbarin Ideen bzw. Lösungsansätze, um (über-)regionale Tageszeitungen auch für andere, insbesondere jüngere Leser attraktiv zu gestalten.*

Die Ergebnisse der Schaubildanalyse können stichwortartig an der Tafel zusammengetragen werden:

Die Bedeutung des Mediums „Zeitung" für Jugendliche

Mediennutzung zwecks Informationsbeschaffung (Abb. 1, S. 33)
- Internet als hauptsächliche Informationsquelle in fast allen Bereichen
- Zeitung
  - etwa ein Drittel nutzt das Medium zur politischen Meinungsbildung (37,2 %)
  - absolut unterrepräsentiert bei jugendspezifischen Themen (1,5 %)

Favorisierte Ressorts einer Tageszeitung (Abb. 2, S. 34)
- Lokales: Berichte aus der eigenen Region (86 %)
- Politik: Meldung und Berichte aus Deutschland (67 %) und der Welt (55 %)
- Sport: Berichte und Nachrichten (44 %)
- Sonstige Ressorts (Kultur, Wirtschaft, Wissenschaft und Technik): jeweils ca. 30 %

Glaubwürdigkeit ausgewählter Medien (Abb. 3, S. 34)
- hohe Glaubwürdigkeit
  - öffentlich-rechtliche Fernseh- und Hörfunkprogramme (ca. 80 %)
  - überregionale Tageszeitung (ca. 80 %)
  - Internet (ca. 70 %)
- geringe Glaubwürdigkeit
  - private Fernsehprogramme (ca. 50 %)
- soziale Netzwerke (ca. 25 %)

Um das Medium Zeitung insbesondere für jüngere Leser attraktiver zu gestalten (vgl. Aufgabe 3), könnten beispielsweise folgende Maßnahmen zur Modernisierung ergriffen werden: Implementierung einer Kinder- und/oder Jugendseite, Neugestaltung der Printausgabe (handlicheres Format, Farbdruck usw.) unter Einbindung der Leser, Mitmachaktionen bei der Berichterstattung (z. B. in Form einer gesonderten Rubrik wie etwa „Leser vor Ort") usw.

Trotz bestehender rechtlicher Beschränkungen durch das Preisbindungsgesetz, dem auch Verlagserzeugnisse unterliegen, sind kreative Lösungsansätze denk- und machbar, um die Zeitung potenziellen Käufern einer bestimmten Personen- (z. B. Schüler und Studenten) bzw. Altersgruppe (z. B. im Alter von 15 bis 30 Jahren) zu einem ermäßigten Preis zugänglich zu machen.

In diesem Zusammenhang ist die Idee der TAZ erwähnenswert, die ein Abonnement zu drei unterschiedlichen Preisen anbietet, zwischen denen der Kunde frei wählen kann. Alternativ zum regulären Preis kann sich der Abonnent auch für den sogenannten politischen Preis entscheiden, bei dem er freiwillig mehr bezahlt, um es auf diese Weise potenziellen Kunden mit geringeren finanziellen Spielräumen zu ermöglichen, die Zeitung zum ermäßigten Preis zu beziehen.[1]

Den Schaubildern zur Mediennutzung Jugendlicher (vgl. **Schülerarbeitsheft**, S. 6 ff. sowie S. 33 f.) ist zu entnehmen, dass das Smartphone neben dem internetfähigen Computer das zentrale Medium darstellt. Diesem Umstand sollten (überregionale) Tageszeitungen stärker Rechnung tragen, etwa durch eine leser- bzw. benutzerfreundliche (!), die Zielgruppe auch optisch ansprechende App bzw. ein entsprechendes E-Paper mit Inhalten zu Themen, für die sich Heranwachsende auch wirklich interessieren.

2.3 Qualitätsjournalismus im digitalen Zeitalter

Textgrundlage für die im Folgenden zu erörternde Frage, welche Anforderungen an den Journalismus im digitalen Zeitalter gestellt werden, bildet Götz Hamanns Essay „Wer vertraut uns noch?" (vgl. **Schülerarbeitsheft**, S. 35 ff.).

Zunächst führt er dem Leser ausführlich die Fehler vor, welche Journalisten aus seiner Sicht in jüngerer Vergangenheit begangen haben und welche eine wichtige Ursache bilden, weshalb die Glaubwürdigkeit der Presse und somit das Vertrauen der Leserschaft geschwunden sind. Diese Fehler belegt er anschaulich mit bekannten Beispielen aus den Medien, wie etwa der „Absturz der Germanwings-Maschine" (Z. 79), welcher aus seiner Sicht zugleich einen „Wendepunkt" in der Berichterstattung markiert, da „das Publikum von nun an genug hatte vom Skandal" (Z. 80).

In diesem Zusammenhang beanstandet Hamann, dass auch in diesem Fall voreilige Schlüsse gezogen und/oder Personen zu Unrecht beschuldigt worden seien, was spätestens im Nachgang vielfach zur Empörung der Leser geführt habe. „Statt Orientierung und Aufklärung zu liefern [...], statt einzuordnen und abzuwägen, ziehen die Journalisten nach dem Gemetzel mit der Medienkarawane [zu allem Überfluss auch noch] einfach weiter." (Z. 76 ff.)

Die weiteren Ausführungen des Verfassers erfolgen, ganz in essayistischer Manier, in Form von eher lose bzw. assoziativ verknüpften Gedankengängen, weshalb einzelne Sinnabschnitte in diesem recht langen Text nur schwer zu identifizieren sind. Grundsätzlich äußert sich der Journalist jedoch zu folgenden Aspekten:
- Autoritätsverlust und Entfremdung zwischen dem Journalisten und seinen Lesern als Folgen von schlechtem Journalismus,

---

[1] taz Verlags und Vertriebs GmbH: Ein Abo, drei Preise. Das taz-Solidaritätsprinzip. URL: www.taz.de/!112049/ (Abrufdatum: 2017-07-04)

- bereits ergriffene und/oder noch umzusetzende Maßnahmen zur Verbesserung journalistischer Qualität (→ Qualitätsjournalismus).

Diese sollen an dieser Stelle nicht näher ausgeführt werden. Stattdessen sei auf das strukturierte Tafelbild (vgl. S. 37) verwiesen. Wichtig ist in diesem Zusammenhang jedoch, dass Hamanns Ausführungen letztlich in dem indirekten Appell an seinen Berufsstand münden, sich auf die originären Aufgaben des Journalismus zu besinnen bzw. sich hieran zurückzuerinnern. Diese neue, teilweise jedoch auch alte Rolle eines Journalisten resultiert nicht zuletzt auch aus dem Umstand, dass mit dem Aufkommen der digitalen Medien, speziell des Internets, nunmehr eine „fünfte Gewalt" in Gestalt der zahlreichen Internet-Nutzer bzw. Nicht-Journalisten in die mediale Berichterstattung eingreift (vgl. Z. 130 ff.).

Am Schluss seines Essays wendet er sich direkt an alle diejenigen, welche diese fünfte Gewalt bilden: Er fordert die Internet-Nutzer dazu auf, sich ihrer gesellschaftlichen Verantwortung ebenfalls zu stellen, indem sie ihre Anonymität im Netz und somit die Unverbindlichkeit ihres Handelns aufgeben, um den von ihnen eingeforderten Dialog öffentlich (vgl. Z. 165 ff.) und vor allem konstruktiv (vgl. Z. 1 ff.) auszutragen.

Um die Schülerinnen und Schüler für die gegenwärtige Krise im Journalismus zu sensibilisieren, bearbeiten sie die im **Schülerarbeitsheft** (S. 39) formulierten Aufgabenstellungen:

- *Lesen Sie den Essay des Journalisten und fassen Sie die Fehler, die sein Berufsstand seiner Meinung nach in jüngerer Vergangenheit begangen hat, thesenartig zusammen.*

- *Ein zentraler Lösungsansatz zur Bewältigung der gegenwärtigen Krise im Journalismus ist die Rückbesinnung auf die Grundsätze des Qualitätsjournalismus (s. Informationen im Kasten).*
  Nennen Sie Maßnahmen, welche die großen Zeitungen in Deutschland bereits ergriffen haben, um das Vertrauen ihrer Leser zurückzugewinnen.

- *Welche Aspekte sollten, Hamanns Ausführungen und den Anforderungen an einen qualitativ hochwertigen Journalismus folgend, von Akteuren in Presse und Medien verändert bzw. verbessert werden?*
  Diskutieren Sie mit Ihrem Sitznachbarn bzw. Ihrer Sitznachbarin.

- *Erläutern Sie in diesem Zusammenhang den Begriff „vierte Gewalt" und die damit verbundene gesellschaftliche Verantwortung des Zeitungs- bzw. Pressewesens.*

- *Mit dem Aufkommen der digitalen Medien, speziell des Internets, greift nunmehr eine „fünfte Gewalt" in die mediale Berichterstattung ein.*
  Fassen Sie den Appell, den der Journalist am Ende seines Essays an die Internet-Nutzer richtet, in einem prägnanten Satz zusammen.

Die Ergebnisse dieser Textanalyse können in sprachlich reduzierter Form an der Tafel zusammengetragen werden:

> **Anforderungen an den Journalismus im digitalen Zeitalter**
>
> *Fehler im Journalismus in der Vergangenheit*
> - Wiedergabe von Propaganda (vgl. Z. 7ff.)
> - Fehler bei Prognosen (vgl. Z. 61ff.)
> - Provozieren von Medienskandalen, um Aufmerksamkeit zu erregen (vgl. Z. 66ff.)
>
> *Folgen von schlechtem Journalismus*
> - „Journalisten sind keine unumstrittenen Autoritäten mehr" (Z. 23f.)
> - „Entfremdung zwischen [...] Publikum und [...] Journalisten" (Z. 106f.)
>
> *Maßnahmen zur Verbesserung journalistischer Qualität*
> - Beschäftigung „investigative[r] Reporter" (Z. 46)
> - Verfassen von faktenreichen Reportagen (vgl. Z. 47)
> - Gebrauch einer kunstvollen Sprache (vgl. Z. 48)
> - Erhalt der Unabhängigkeit durch „neue Codes of Ethics" (Z. 48)
> - Einbeziehen unkonventioneller Informationsquellen und Informanten
>   - „Enthüllungsplattformen wie WikiLeaks" (Z. 58f.)
>   - „Whistleblower wie Edward Snowden" (Z. 59)
>   - „Hinweise, die Nichtjournalisten über Soziale Netzwerke verbreiten" (Z. 136)
> - „Aufklärung und echte Auseinandersetzung" (Z. 128f.) im „Dialog" (Z. 174) mit den Lesern
> - Ausüben der Kritik- und Kontrollfunktion als „vierte Gewalt" (vgl. Z. 80ff.)
>
> ↓
>
> (Rück-)Besinnung auf die originären Aufgaben des Journalismus
> (→ **Qualitätsjournalismus**)

Zur Vertiefung und Vorbereitung auf die schriftliche Abiturprüfung kann den Schülerinnen und Schülern der Auftrag erteilt werden, die vorliegende Medienkritik zu analysieren. Dabei sind die von Marcus S. Kleiner formulierten und bereits eingeführten Analysekriterien (vgl. Abschnitt 1.4.2 im **Schülerarbeitsheft**, S. 25ff.) erneut anzuwenden:

> ■ *Analysieren Sie Götz Hamanns Essay. Beziehen Sie dabei auch die Ihnen bereits bekannten Kriterien zur Analyse von Medienkritiken nach Marcus S. Kleiner (Inhalt, Akteur und Ausrichtung) in Ihre Ausführungen ein.*

2.4 Zukunft der Zeitung – Zeitung der Zukunft

Petra Sorge beschreibt in ihrem Kommentar „Zeitungssterben. Warum wir Papierpresse noch brauchen" (vgl. **Schülerarbeitsheft**, S. 40ff.) ausführlich, wie es gegenwärtig um die Zeitung in wirtschaftlicher Hinsicht bestellt ist, und hält davon ausgehend anschließend ihr Plädoyer für das Fortbestehen dieses klassischen Printmediums:

Wie die Mediengeschichte (vgl. Abschnitt 1.3, S. 14f.) gezeigt hat, werden bisherige Medien nicht verdrängt und verschwinden durch ein neues, technologisch höher entwickeltes Medium. So hat bislang auch die „gute alte Tageszeitung, erfunden um 1650 in Leipzig, [...] trotz Hörfunk, Film und Fernsehen" (Z. 13f.) bis heute überlebt.
Mit der Etablierung des Internets stellt sich aus Sicht der Autorin allerdings heute eine ent-

scheidend andere Situation dar, denn das Internet sei „nicht einfach nur ein neues Medium" (Z. 19), sondern „vielmehr ein Saugfilter, der alles aufnimmt, was es an traditionellen Medien bisher gab" (Z. 20f.), weshalb es durch dieses „Überall-Medium schlechthin [...] plötzlich ganz düster für die Tageszeitung" (Z. 25f.) aussehe.

Anhand ihres Rückblickes auf die Entwicklung des deutschen Medienmarktes in den letzten Jahren, der von Auflagenrückgängen, Stellenabbau in den Redaktionen und schließlich Insolvenzen im Pressewesen geprägt ist, wird der „alarmierend[e] Abwärtstrend der Tageszeitungen" (Z. 35) für den Leser überdeutlich.

Den Grund hierfür sieht die Journalistin in dem sich heute bereits abzeichnenden gesellschaftlichen Wandel der Mediennutzung: „Ein Fünftel der Nutzer liest Nachrichten nur noch online" (Z. 66f.). Dabei sind es insbesondere die „jüngeren Menschen, die mit dem Internet aufwachsen" (Z. 67f.) und „schon heute weitgehend auf Abonnements [verzichten]. Wenn die zeitungslosen Jungen älter werden und die gesellschaftliche Mehrheit stellen, wird es für die Printhäuser [...] ganz eng" (Z. 68ff.).

Das Internet scheint der klassischen Zeitung zunehmend den Rang abzulaufen und könnte das Printmedium tatsächlich über kurz oder lang verdrängen, weshalb auch nicht ausgeschlossen ist, dass Zeitungen eines Tages nur noch online verfügbar sein werden.

Hiervor warnt Sorge jedoch ganz entschieden: „Dass der Papierjournalismus komplett verschwindet, so weit darf es nicht kommen, denn bislang erfüllt nur er die gesellschaftlich wichtige Kritik- und Kontrollfunktion" (Z. 2ff.), indem er „kritisch nachfragt, investigativ unterwegs ist" (Z. 82f.). Online-Journalismus „in seiner heutigen Form" (Z. 81) hingegen erfülle diese Wächterfunktion bislang jedenfalls nicht (vgl. Z. 80f.).

Um den Anschluss an die Entwicklung des Mediums Zeitung nicht zu verpassen, bieten schon heute immer mehr Tageszeitungen parallel zur Print- auch eine Online-Ausgabe an. Die Journalistin fasst das daraus resultierende Dilemma im Pressewesen wie folgt zusammen: Eine aufgrund von Stellenkürzungen deutlich geringere Anzahl an Journalisten im Vergleich zur Blütezeit des Mediums Zeitung müsse heute neben der klassischen Printausgabe noch weitere Formate wie etwa Online-Ausgabe, Blog usw. bedienen, was zu einer Doppelbelastung führe (vgl. Z. 78f.).

Zum besseren Textverständnis bearbeiten die Schülerinnen und Schüler die im Schülerarbeitsheft (vgl. S. 42) formulierten Aufgabenstellungen in Partnerarbeit:

- *Erläutern Sie das grundsätzliche Dilemma, dem sich das heutige Zeitungs- und Pressewesen gegenübersieht.*

- *Notieren Sie die Ursachen des Dilemmas, die im Text angegeben werden, und diskutieren Sie mit Ihrem Sitznachbarn/Ihrer Sitznachbarin über weitere mögliche Gründe.*

Die wesentlichen Erkenntnisse aus diesem Text sollten an der Tafel wie folgt zusammengetragen werden:

> **Zukunft der Zeitung? – Tendenzen im heutigen Journalismus**
> - Zeitungen erfüllen gegenwärtig als alleinige mediale Instanz eine „gesellschaftlich wichtige Kritik- und Kontrollfunktion" (Z. 3 f.)
> - Auflagenrückgang, Stellenabbau in den Redaktionen und Insolvenzen (vgl. Z. 31 ff.) durch gesellschaftlichen Wandel der Mediennutzung: „die zeitungslosen Jungen" (Z. 69) „verzichten [...] heute weitgehend auf Abonnements" (Z. 68 f.)
> - Doppelbelastung der Journalisten durch Print-, Onlineausgabe, Bloggen und Posten (vgl. Z. 78 f.)
>
> ↓
>
> Die Zeitung darf nicht sterben, da Online-Journalismus keine Option darstellt.

Während für Petra Sorge Online-Journalismus perspektivisch keine Option darstellt, vertritt Journalist und Blogger Stefan Niggemeier in seinem Essay „Vorteil Internet" (vgl. **Schülerarbeitsheft**, S. 43 ff.) eine gegenteilige Auffassung: Denn die „technischen Vorteile [des Internets] sind [...] so offenkundig" (Z. 28 f.), dass „[e]igentlich [...] La-Ola-Wellen von Journalisten durch das Land schwappen [müssten], vor lauter Begeisterung darüber, wie das Internet ihre Arbeit erleichtert und verbessert" (Z. 20 f.), weshalb er den immerwährenden „Kampf Papier gegen Internet" (Z. 2) nicht nachvollziehen kann.

Wie Petra Sorge ist natürlich auch ihm bewusst, dass der Online-Journalismus in seiner jetzigen Form nicht funktioniere bzw. es derzeit „in Deutschland wenig [gebe], das man wirklich als ‚Online-Journalismus' bezeichnen könnte" (vgl. Z. 34 f.). Anders als seine Kollegin sieht Niggemeier jedoch genau darin das eigentliche Problem, aber auch die Chancen für die Zukunft des Mediums Zeitung: „Ist es nicht erstaunlich, in welch geringem Maße Journalisten Gebrauch machen von den Möglichkeiten des neuen Mediums?" (Z. 33 f.)

Die gegenwärtige Krise im Journalismus führt er auf den Umstand zurück, dass die Beiträge im Internet häufig „eine[r] reine[n] Vervielfältigungs-Maschine von Inhalten" (Z. 77 f.) gleichkommen und als „zweite Wahl" erscheinen, da die Zeitungen ihr „Online-Angebot auf ein Minimum reduzier[en], um die Menschen zu zwingen, das Print-Produkt zu kaufen" (Z. 53 f.). Dadurch verschenke das Zeitungswesen nicht nur eine gute „Möglichkeit, sich neue Leser zu erschließen" (Z. 64), sondern laufe vielmehr „Gefahr, für eine ganze Generation gar nicht mehr präsent zu sein" (Z. 54) – vom Imageschaden der betreffenden Zeitung als Marke ganz zu schweigen (vgl. Z. 66 ff.).

Den häufig geäußerten Einwand, dass sich Qualitätsjournalismus im Internet nicht refinanzieren lasse (vgl. Z. 46 f.), erachtet der Verfasser als lediglich vorgeschobenen Grund für das noch immer vorherrschende generelle „Misstrauen gegenüber den neuen Formen und Möglichkeiten [...] und den ungewohnten Regeln, die im Internet gelten" (Z. 41 ff.), denn bereits „das Verlinken auf andere Seiten [...] scheint bei den deutschen Online-Medien auf erhebliche innere Widerstände zu stoßen" (Z. 43 f.).

Niggemeier sieht die Zukunft der Zeitung in der digitalen Welt des Internets und die Aufgabe des Qualitätsjournalismus künftig darin, „eigene Inhalte zu recherchieren, sich zu spezialisieren und im Dialog mit den Lesern eine eigene Kompetenz aufzubauen und zu pflegen" (Z. 82 f.), statt wie bisher „besinnungslos Reichweite zu generieren" (Z. 84 f.). Durch das Aufkommen des Internets habe sich demzufolge nicht das „Was", nämlich guter Journalismus, sondern lediglich das „Wie" (Z. 95 f.) geändert.

Um sich Niggemeiers Position anzunähern und anschließend beide konträren Meinungen gegeneinander abzuwägen, bearbeiten die Schülerinnen und Schüler die im **Schülerarbeitsheft** (vgl. S. 45) formulierten Aufgabenstellungen, sinnvollerweise ebenfalls in Partnerarbeit:

- *Notieren Sie die Chancen, die sich dem Journalismus durch das Internet eröffnen, stichwortartig.*

- *Fassen Sie die Kritik des Journalisten und Bloggers an den bisherigen Internetauftritten der großen Tageszeitungen in einem prägnanten Satz zusammen.*

- *Auch Niggemeier ist von der Wichtigkeit journalistischer Qualität in der Berichterstattung (vgl. Z. 69 ff.) überzeugt.*
  Bereiten Sie mit Ihrem Sitznachbarn/Ihrer Sitznachbarin einen Kurzvortrag vor, in welchem Sie sich auf der Grundlage des vorliegenden Essays kritisch mit der Frage auseinandersetzen, ob Qualitätsjournalismus (vgl. S. 39) und Online-Journalismus einander ausschließen.

- *Im 21. Jahrhundert angekommen, muss bilanziert werden, dass das Internet aus dem Alltag nicht mehr wegzudenken ist. Angesichts der demografischen Entwicklung in Deutschland und der Welt ist zudem nicht auszuschließen, dass die Printmedien von heute eines Tages nur noch online verfügbar sein werden.*
  Entwickeln Sie vor diesem Hintergrund gemeinsam Ideen und Lösungsansätze für eine hoffnungsvolle Zukunft des Mediums (Online-)Zeitung.

Als Hilfestellung für Aufgabe 3 kann den Kursteilnehmern bei Bedarf das **Zusatzmaterial 4** (S. 73 ff.) ausgehändigt werden, welches das Problem der Zeitung zusammenfasst.

Zeitung der Zukunft? – Tendenzen im heutigen Journalismus

- Internet ist ein Medium, das technisch alles kann und somit die journalistische Arbeit erleichtert und verbessert (vgl. Z. 20 ff.)
- Zeitungen vernachlässigen ihre Online-Ausgaben aufgrund ihres Misstrauens gegenüber diesem neuen Medium und den hier geltenden Regeln (vgl. Z. 41 ff.)
- die sich durch den Online-Journalismus bietenden Chancen werden daher bislang nicht professionell genug genutzt (vgl. Z. 33 ff.)

↓

Im Online-Journalismus liegt die Zukunft, er muss jedoch weiterentwickelt werden.

2.5 *Exkurs:* Materialgestütztes Verfassen eines argumentierenden Textes

In einer zweiten Auflage des materialgestützten Schreibens innerhalb der gesamten Unterrichtsreihe sollen die Schülerinnen und Schüler nunmehr einen argumentierenden Text verfassen. Die zugrunde liegenden Materialien hierbei bilden dabei die linearen und diskontinuierlichen Texte der vorangegangenen Abschnitte 2.1 – 2.3 (vgl. S. 31 ff.) dieses Bausteines. Die Aufgabenstellung lautet dabei folgendermaßen (vgl. **Schülerarbeitsheft**, S. 46):

■ *Die Redaktion der **Süddeutschen Zeitung** plant die Fortsetzung ihres bereits vor einigen Jahren veröffentlichten Sammelbandes „Wozu noch Journalismus? Wie das Internet einen Beruf verändert" und beauftragt Sie, einen Essay (alternativ: einen Kommentar) mit dem Titel „Zukunft des Mediums Zeitung im digitalen Zeitalter" zu schreiben.*

Verfassen Sie einen Essay (bzw. Kommentar) mit einer Länge von etwa 500 Wörtern, in welchem Sie sich zu der im Titel aufgeworfenen Frage äußern und Ihre Vorstellung von einer (Online-)Zeitung mit Zukunft begründet darlegen. Beziehen Sie neben den vorliegenden Materialien (vgl. Abschnitte 2.1 – 2.4, S. 31 ff.) auch Ihre eigenen Ideen und Wissensbestände in Ihre Ausführungen ein.

Hilfen zum Verfassen eines Essays als beliebte journalistische Textsorte finden die Kursteilnehmer im Anhang 4 (vgl. **Schülerarbeitsheft**, S. 61 ff.).

Notizen:

Baustein 3

Der Film als eigene Kunstform

Die Wahlpflichtmodule ergänzen oder vertiefen bestimmte Aspekte des Pflichtmoduls (vgl. Baustein 1, S. 10ff.), indem ausgewählte Medien genauer in den Blick genommen werden.

Im vorliegenden Baustein sollen die Schülerinnen und Schüler die spezifische Gestaltung des Mediums Film als audiovisueller Text analysieren, indem die Wirkung der eingesetzten filmsprachlichen Mittel erläutert und die ästhetische Qualität des ausgewählten Films beurteilt wird. Im Sinne einer Wiederholungs- und Übungsphase vor der Abiturprüfung im Unterrichtsfach Deutsch soll darüber hinaus zum einen die dramatische Struktur des Films mit dem Aufbau eines traditionellen Dramas (geschlossene Bauform) verglichen werden. Zum anderen sind die narrativen Elemente bzw. erzählerischen Muster und Motive des Films zu identifizieren.

3.1 Die dramatische Struktur des Kurzfilms „Schwarzfahrer"

Im Mittelpunkt der filmanalytischen Betrachtung steht exemplarisch Pepe Danquarts Werk „Schwarzfahrer" (D 1992)[1], das 1994 mit dem Oscar in der Kategorie „Bester Kurzfilm" ausgezeichnet wurde. Der Film steht auf der beiliegenden DVD zur Verfügung. Seine Handlung kann in verkürzter Form wie folgt wiedergegeben werden:

In Kongruenz zum Titel wird in bewegten Schwarz-Weiß-Bildern von einem ausländischen jungen Mann erzählt, der in einer Berliner Straßenbahn von einer älteren, (spieß-)bürgerlichen Frau aufgrund seiner dunklen Hautfarbe diskriminiert wird. Die übrigen Fahrgäste zeigen dabei keine Zivilcourage, sondern verfolgen das Geschehen teilnahmslos.
Als schließlich ein Schaffner zusteigt, um die Fahrkarten zu kontrollieren, und die ältere Frau ihre Karte aus der Handtasche holt, entreißt der Protagonist ihr diese kurzerhand und schluckt sie herunter. Dem Schaffner gegenüber versucht sie, sich mit den rassistischen Worten „Der Neger hier hat ihn eben aufgefressen!" zu verteidigen, während der junge Mann sie ironisch anblickt und in souveräner Manier seine Dauerkarte vorzeigt. Der Schaffner hält dies wiederum für eine unglaubwürdige Ausrede und fordert die ältere Frau auf, mit ihm die Straßenbahn zu verlassen. Durch diese willkommene Ablenkung bleibt der eigentliche Schwarzfahrer, ein junger hellhäutiger Mann, weiterhin unbehelligt und kann aufatmen.
Durch die intensive Beschäftigung mit der dramatischen Struktur des Kurzfilms soll zum einen der Inhalt gesichert und zum anderen Vorarbeit für die anschließende Betrachtung der Figurenkonzeption und -konstellation (vgl. Abschnitt 3.2, S. 43ff.) geleistet werden. Zu diesem Zweck bearbeiten die Schülerinnen und Schüler im **Schülerarbeitsheft** zunächst den ersten Abschnitt (S. 48f.) in Partnerarbeit, nachdem der etwa 12-minütige Film vollständig gezeigt wurde:

---
[1] Als Alternative sei an dieser Stelle auf das ebenfalls in der EinFach Deutsch-Reihe erschienene Unterrichtsmodell zum oscarprämierten Spielfilm **„Das Leben der Anderen"** (ISBN 978-3-14-022508-3) hingewiesen.

Schauen Sie sich Pepe Danquarts Kurzfilm „Schwarzfahrer" an und überprüfen Sie, ob dieser die typische Drei-Akt-Struktur des Films aufweist oder (bewusst) von diesem Schema abweicht.

Lesen Sie die folgenden Informationen und überprüfen Sie, ob sich der oben beschriebene Aufbau des Kurzfilms auf den eines traditionellen Dramas nach Gustav Freytag übertragen lässt, indem Sie die entsprechenden Timecodes (mm:ss) notieren.

Die Ergebnisse dieser Filmanalyse können an der Tafel wie folgt zusammengefasst werden:

Die dramatische Struktur des Kurzfilms „Schwarzfahrer"

1. Akt (**Aufbruch**)	2. Akt (**Initiation**)	3. Akt (**Rückkehr**)
00:00 – 03:20 Min.	03:20 – 06:30 Min.	06:30 – 09:50 Min.
• hektisches Treiben in Berlin an einem Werktag vor Arbeitsbeginn • Farbiger besteigt die Straßenbahn (Arbeit/Uni/Schule?) • **Plot Point I:** Held setzt sich trotz ablehnender Haltung neben die ältere Dame	• Farbiger lässt die Tiraden der älteren Dame kommentarlos über sich ergehen • Teilnahmslosigkeit der übrigen Fahrgäste mit Ausnahme des Jungen • **Plot Point II:** „Nur noch [...] Neger hier" als Höhepunkt der Anfeindungen	• Fahrscheinkontrolle eröffnet ihm die Möglichkeit der Revanche • Farbiger erhält Unterstützung durch den Schaffner • ältere Dame erhält als vermeintliche Schwarzfahrerin ihre gerechte Strafe

Aufbau des Films entspricht dem eines traditionellen Dramas in verkürzter Form

3.2 Figurenkonzeption und -konstellation in dramatischer Gestaltung

Zur Umsetzung des Themas „Rassismus und Diskriminierung" wählt Pepe Danquart eine bewusst plakative Figurenkonstellation.

Den höchsten Grad an Kontrast bildet dabei der dunkelhäutige junge Mann, der aufgrund seines vorbildlichen Verhaltens – der Protagonist bleibt trotz der Anfeindungen während der gesamten Straßenbahnfahrt ruhig und höflich – hier den „guten" Menschen repräsentiert. Den Gegenpol (und somit Antagonisten) bildet die ältere Dame, deren Beleidigungen und Verfemungen beispiellos sind und scheinbar keine Grenzen kennen (vgl. Monolog; Abschnitt 3.3, S. 45f.). Sie verkörpert folglich das „Böse" und ist somit sinnbildlich der Schwarzfahrer dieses Kurzfilms (vgl. Titel).

Aber nicht nur die Antagonistin, sondern auch die übrigen Fahrgäste stehen hier stellvertretend für das Böse bzw. den Rassismus und die Diskriminierung, denn obwohl es „doch [nur] eine alte Frau" ist, weshalb die Anwesenden eigentlich „keine Angst haben müssten einzugreifen"[1], lassen diese jegliche Zivilcourage vermissen und schauen weg. Während sich

---

[1] Danquart, Pepe: Zitiert nach Klant, Michael/Spielmann, Raphael: Schwarzfahrer. Film Portfolio – Aspekte der Filmanalyse. Schroedel Verlag. Braunschweig 2010, S. 8

die ältere Dame durch ihre unbedachten Äußerungen in strafrechtlicher Hinsicht schuldig macht, erscheint Danquart die moralische Versündigung der Öffentlichkeit schwerwiegender.[1]

Auffällig ist in diesem Zusammenhang, dass sowohl die beiden Haupt- als auch die Nebenfiguren ausnahmslos typisiert sind, wodurch das Erzählte einen allgemeingültigen Charakter erhält, was offensichtlich auch die Intention des Regisseurs ist: „Die Situation kennt jeder, ist in dieser oder einer anderen Form jedem schon mindestens einmal passiert. In der U-Bahn, Straßenbahn oder im Bus, vielleicht sogar in der Kneipe oder einem anderen öffentlichen Platz. Es passiert überall: in der Provinz wie in den Metropolen – es passiert öffentlich, verdeckt, im kleinen und im großen Maßstab, dass Menschen als zweitrangig, minderwertig behandelt und in ihrer Würde oder körperlichen Unversehrtheit verletzt werden."[2]

Um die Schülerinnen und Schüler an diesen Lerngegenstand heranzuführen, erhalten sie neben einem DIN-A3-Bogen den Auftrag, die Figurenkonstellation als Strukturbild zu legen (vgl. **Schülerarbeitsheft**, S. 49f.), welcher den Kursteilnehmern als vorbereitende Hausaufgabe erteilt werden kann:

- ■ *Erstellen Sie ein Strukturbild zur Figurenkonstellation, aus welchem die Beziehungen der Figuren zueinander (Nähe/Distanz, Liebe/Hass usw.) hervorgehen, indem Sie ...*
  - *Namenskärtchen, die Sie verwenden wollen, nach folgendem Muster erstellen und auf einen DIN-A3-Bogen legen,*
  - *Ihre Struktur um kurze Texte und grafische Elemente (Pfeile, Symbole, Rechtecke, Kreise usw.) ergänzen und*
  - *die Kärtchen schließlich festkleben.*
- ■ *Lesen Sie die Informationen im Kasten zur Gestaltung literarischer Figuren und setzen Sie sich mit der Frage auseinander, welchem Gestaltungskonzept die Haupt- und Nebenfiguren des Kurzfilms „Schwarzfahrer" zuzuordnen sind.*
- ■ *Erläutern Sie die Absicht, die der Regisseur Pepe Danquart mit seiner Gestaltung der Figurenkonstellation und -konzeption möglicherweise verfolgt.*

---

[1] Vgl. Danquart, Pepe: Ebd.
[2] Danquart, Pepe: Ebd.

Obwohl die Schülerergebnisse sehr verschieden ausfallen können und werden, soll im Folgenden ein mögliches Strukturbild vorgestellt werden:

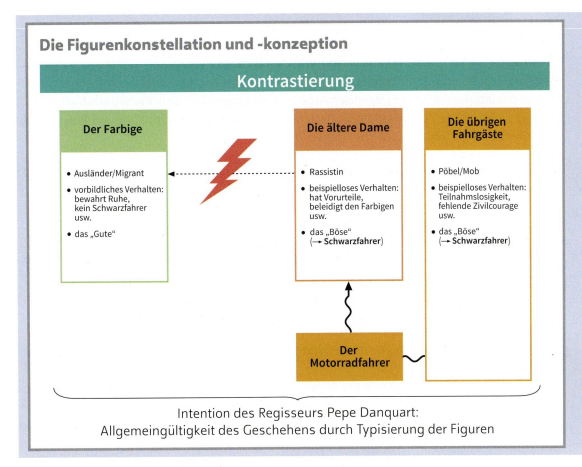

Zur Vertiefung bzw. Ergänzung des Strukturbildes sollten im anschließenden Unterrichtsgespräch folgende Leitfragen diskutiert werden:

> ■ *Welche Bedeutung hat in diesem Zusammenhang die Schwarz-Weiß- Metaphorik?*
> *Welche Figuren sind in diesem Kurzfilm – freiwillig oder unfreiwillig – die Schwarzfahrer (vgl. Filmtitel)?*

Um die Empathiefähigkeit der Kursteilnehmer zu fördern, ist es an dieser Stelle sinnvoll, die Situation in der Berliner Straßenbahn produktiv weiterzuverarbeiten, indem mit dem Gedankengang des Farbigen eine entscheidende Leerstelle des Films ausgefüllt wird:

> ■ *Verfassen Sie einen inneren Monolog aus der Perspektive des Protagonisten, der seine Gedanken während der Anfeindungen der älteren Dame deutlich macht.*

3.3 Werte und Normen der ideellen Botschaft des Films (Message)

Zur Vertiefung der zuvor bereits erarbeiteten Figurenkonstellation soll im Weiteren die ideelle Botschaft („Message") des Kurzfilms produktiv erarbeitet werden. Auch diese offenbart

Pepe Danquart in seinem Interview: „Courage zeigen, wenn man das Gefühl hat, dass es Übergriffe gibt!"[1] Sein mit einem Oscar gekröntes Werk ist folglich als Appell an die Zuschauer zu verstehen, – anders als der dargestellte Pöbel – in Fällen öffentlicher Diskriminierung mutig einzuschreiten, anstatt tatenlos wegzuschauen.

Um sich die Diskriminierung und Verfemung des Protagonisten noch einmal zu vergegenwärtigen, erhalten die Schülerinnen und Schüler die Transkription der monologischen Äußerungen der älteren Dame mit folgenden Arbeitsanregungen (vgl. **Schülerarbeitsheft**, S. 2 f.). Da beide Vorschläge (vgl. Aufgabe 1) zu demselben Ergebnis führen, kann an dieser Stelle den Lernenden die Wahl selbst überlassen werden:

■ *Lesen Sie die Informationen im Kasten, wählen Sie einen der folgenden Vorschläge aus und bearbeiten Sie diesen:*

Vorschlag A (analytisch)
Interpretieren Sie die vorliegende Szene im Hinblick auf die Äußerungen der älteren Dame und das Verhalten der übrigen Fahrgäste.

Vorschlag B (produktionsorientiert)

Der Farbige erstattet nach diesem Ereignis in der Straßenbahn Anzeige, woraufhin der Fall vor Gericht eingehend untersucht wird.
Verfassen Sie das abschließende Urteil des/der zuständigen Richters/ Richterin, in dem er/sie …
- *die Äußerungen der älteren Dame und das Verhalten der übrigen Fahrgäste bewertet,*
- *prüft, ob bei den Beteiligten ein Straftatbestand im Sinne des vorliegenden Gesetzestextes vorliegt,*
- *zu einer begründeten Entscheidung gelangt und*
- *gegebenenfalls das Strafmaß der Verurteilten festlegt.*

■ *Fassen Sie auf der Grundlage Ihrer bisherigen Ergebnisse die „Message" des Films in einem prägnanten Satz zusammen.*

Die zentralen Ergebnisse der Schülerinnen und Schüler können anschließend mit einem Auszug aus einem Interview mit Pepe Danquart verglichen werden, welcher mithilfe einer Folie visualisiert werden sollte:

> „Mich interessiert nicht so sehr, was zwischen den beiden Hauptdarstellern passiert. Wirklich interessant ist, dass da 25 Leute in einem Raum zuhören, die gar keine Angst haben müssten einzugreifen – es war doch eine alte Frau! […] Das taten sie aber nicht, und deshalb ist die eigentliche Message: Courage zeigen, wenn man das Gefühl hat, dass es Übergriffe gibt!"
>
> Aus einem Interview mit Pepe Danquart. Zit. nach: Klant, Michael/Spielmann, Raphael: Schwarzfahrer. In: Dies.: Film Portfolio. Aspekte der Filmanalyse. Schroedel Verlag. Braunschweig 2010, Seite 2D.
> https://verlage.westermanngruppe.de/schroedel/artikel/978-3-507-10040-4/Grundkurs-Film-Portfolio

Zur Abrundung dieses Lerngegenstandes sollte abschließend folgende Leitfrage diskutiert werden:

■ *Halten Sie die „Message" des 1992 erschienenen Kurzfilms heute noch für aktuell? Warum (nicht)?*

---

[1] Danquart, Pepe: Ebd.

3.4 Filmsprachliche Mittel im ästhetischen Gestaltungszusammenhang

Ausgehend von dem Zitat des Regisseurs schließt sich nahtlos die Analyse der film-sprachlichen Mittel an. Konkret soll somit im Weiteren der Frage nachgegangen werden, wie das kollektive Wegschauen der übrigen Fahrgäste trotz offenkundiger Rassendiskriminierung des Farbigen durch die ältere Dame filmsprachlich inszeniert wird.
Im Einzelnen bedeutet dies, in der ausgewählten Sequenz (**04:40 – 07:33 Min.**) folgende konstituierende Elemente des Films genauer zu betrachten:

- **Bild:** Kameraführung (Einstellungsgrößen, Kameraperspektiven und -bewegungen), Ausstattung (Raum, Requisiten, Kostüme usw.), Beleuchtung und Farbgestaltung
- **Ton:** Sprache, Musik und Geräusche
- **Schnitt:** Montage und Länge der Einstellungen

Der Kurzfilm, bei dem es sich um eine verfilmte Urban Legend, also eine reale Begebenheit handelt, welche sich in ähnlicher Weise in der Schweiz zugetragen hat, ist im Wesentlichen ein Wortspiel mit dem Begriff „Schwarzfahrer", was sich bereits an dem Spiel mit den Farben Schwarz und Weiß zeigt: Es sind ausnahmslos Weiße, die in ethischer Hinsicht die eigentlichen Schwarzfahrer sind, wohingegen der Farbige trotz massiver Anfeindungen in vorbildlicher Weise äußerlich Ruhe bewahrt und auf diese Weise zur Deeskalation des Konflikts beiträgt. Trotz seiner misslichen Lage nimmt er sogar noch aufrichtig Anteil am Schicksal eines Mitmenschen, dem es augenscheinlich noch schlechter geht als ihm selbst, indem er mit dem Kauen innehält und den jungen Mann nachdenklich anschaut (vgl. 05:49 – 05:59 Min.). Die angesichts der Verfemungen der älteren Dame, die im Bereich Ton über weite Strecken dominieren, beispiellose Gleichgültigkeit der übrigen Fahrgäste wird in vielfältiger Weise filmsprachlich inszeniert: Mit wenigen, durchweg harten Schnitten sowie längeren und somit einprägsamen Einstellungen führt der Erzähler dem Zuschauer ein breites Spektrum an Tatenlosigkeit vor: Die übrigen Fahrgäste gehen ihren eigenen Dingen nach, indem sie Zeitung lesen, Musik hören, sich im Spiegel betrachten usw. oder aber demonstrativ aus dem Fenster schauen (vgl. 06:39 – 06:41 Min.). Ein türkischer Jugendlicher greift lediglich dann durch eine kurze Schimpftirade in das Geschehen ein, als die ältere Dame beiläufig auch die „Türken" in ihren rassistischen Äußerungen erwähnt und er sich somit persönlich betroffen fühlt (vgl. 06:31 – 06:36 Min.).
Um die Botschaft des Kurzfilms filmmusikalisch zu untermauern und zugleich den Zuschauer zur Reflexion anzuregen, setzt mit dem Saxofon ein zunächst melancholischer Freejazz ein, der später von einem Schlagzeug gespielt und zudem dissonanter wird (vgl. 06:50 – 07:15 Min.). Gleichzeitig wird die Stimme der älteren Dame durch Echos mehrfach überlagert und somit immer undeutlicher, bis sie in eine sowohl lauter als auch schneller werdende, zunehmend (ver-)störende und schließlich undefinierbare Geräuschkulisse übergeht (vgl. 06:50 – 07:15 Min.). Begleitet wird dieser tonal erzeugte Spannungsbogen von einem langsameren Schwenk der Kamera über gleichgültige Gesichter bzw. einem schnelleren über völlig emotionslose Augenpaare.

Um insbesondere leistungsschwächere und/oder in filmanalytischer Hinsicht noch ungeübte Schülerinnen und Schüler an die gezielte Rezeption heranzuführen, bietet es sich an, den Beobachtungsauftrag (vgl. **Schülerarbeitsheft**, S. 54) zu der ausgewählten Filmsequenz (04:40 – 07:33 Min.) bei Bedarf arbeitsteilig[1] zu vergeben:

---

[1] Im Falle einer **arbeitsteiligen** Vorgehensweise ist folgende Aufteilung denkbar:
Gruppe „Ton": Sprache, Musik und Geräusche; Gruppe „Bild I": Kameraführung und Ausstattung;
Gruppe „Bild II": Beleuchtung und Farbgestaltung; Gruppe „Schnitt": Montage und Länge der Einstellungen

Baustein 3: Der Film als eigene Kunstform

- Analysieren Sie das nebenstehende Standbild aus dem Kurzfilm „Schwarzfahrer" (05:47 Min.) mithilfe geeigneter filmsprachlicher Fachbegriffe und ordnen Sie es in den Handlungszusammenhang ein.
- Legen Sie in Ihrem Heft eine Tabelle nach folgendem Muster an und schauen Sie diese zentrale Filmsequenz (04:40 – 07:33 Min.) unter folgender Fragestellung erneut: Wie wird die Teilnahmslosigkeit der übrigen Fahrgäste filmsprachlich inszeniert?
- Bilden Sie eine Kleingruppe (max. 4 Teilnehmer) und diskutieren Sie die Absicht, mit der Pepe Danquart diese filmsprachlichen Elemente verwendet.

Die Ergebnisse der Filmanalyse können wie folgt zusammengefasst werden:

Die wirkungsästhetische Gestaltung filmsprachlicher Mittel im Kurzfilm „Schwarzfahrer"

Bild

Kameraführung (Einstellungsgrößen, Perspektiven, Kamerabewegungen)
- Nahaufnahme: Farbiger hält mit dem Kauen inne, sein Blick zeigt seine aufrichtige Anteilnahme am Schicksal eines Mitmenschen trotz eigener misslicher Lage
  → Episode zur Kontrastierung von Gut und Böse
- jeder Fahrgast geht (demonstrativ) seinen eigenen Dingen nach (z. B. Lesen der Tageszeitung)
- Nahaufnahme: stumpfer Gesichtsausdruck der jungen Frau, die ihren Blick gleichgültig zum Fenster wendet
- Kameraschwenk im Halbkreis, welcher gleichgültige Gesichter zeigt
- Wechsel in die Detailansicht und schnellerer Kameraschwenk, um die leeren, emotionslosen Augen hervorzuheben

Ausstattung (Raum, Requisiten, Kostüme usw.)
- Berlin im Retrolook der 1960er-Jahre (U-Bahn/Haltestelle Friedrichstraße, Straßenbahn, Motorrad, Helm usw.)
  → vermeintlich heile Welt als Kontrast zum unerhörten Ereignis

Beleuchtung
- durchgängig natürliches Tageslicht: korrespondiert mit der Message, dass kollektives Wegschauen trotz offenkundiger Diskriminierung leider Alltäglichkeit ist

Farbgestaltung
- Spiel mit den Farben Schwarz und Weiß
  → Hervorhebung der in ethischer Hinsicht eigentlichen Schwarzfahrer, die ausnahmslos Weiße sind

Ton

Sprache
- Verfemungen der älteren Dame dominieren (je nach Einstellung aus dem On oder Off), die übrigen Fahrgäste schweigen
- türkischer Jugendlicher schimpft bei der Erwähnung des Wortes „Türken" in seiner Muttersprache
  → Eingreifen der übrigen Fahrgäste nur bei persönlicher Betroffenheit

Musik
- erst melancholischer, dann zunehmend dissonanter Freejazz, der den Zuschauer zum Nachdenken anregt
  → Kongruenz zu den schärfer werdenden Beleidigungen der älteren Dame

Geräusche
- Alltagsgeräusche (Straßenbahn, Handtasche, Zeitung usw.) als natürliche Kulisse für den Monolog
- Stimmenüberlagerung: Monolog der älteren Dame mit Echo, welches zunehmend undeutlicher wird und in eine immer lauter werdende und schließlich undefinierbare Geräuschkulisse übergeht (analog zum Zeitraffer)

Schnitt

Montage und Länge der Einstellungen
- wenig, dann jedoch durchweg harte Schnitte
- Dauer der Einstellungen ca. vier Sekunden, um die Beschäftigung der Fahrgäste mit ihren eigenen Angelegenheiten hervorzuheben
  → Erzähler übernimmt wertende Funktion und prangert das Nichteinschreiten der übrigen Fahrgäste an

(Zentrum: Filmsprachliche Inszenierung der Gleichgültigkeit der Fahrgäste)

3.5 Die Bedeutung des Filmgenres

In diesem Abschnitt sollen die bereits erworbenen Kompetenzen zur Filmanalyse erweitert und vertieft werden. Die eingehende Untersuchung der folgenden Unterrichtsaspekte (vgl. Abschnitte 3.5.1 – 3.5.2, S. 49 ff.) soll zudem zu einer vertiefenden Werkkenntnis von Pepe Danquarts Kurzfilm „Schwarzfahrer" führen.

3.5.1 Das Genre des Kurzfilms „Schwarzfahrer" bestimmen

Unter einem Filmgenre wird eine Gruppe von Filmen verstanden, welche dieselben Merkmale aufweist. Eine solche Gemeinsamkeit kann beispielsweise in einer bestimmten Erzählform oder der Grundstimmung in Bezug auf das Thema, den Ort und/oder die Zeit der Handlung bestehen. Filmgenres dienen in erster Linie als Verständigungskategorie zwischen den Filmemachern und dem Publikum, da an die einzelnen Genres bestimmte Erwartungshaltungen für die Rezeption eines Films geknüpft sind.

Trotz stabiler Grundschemata unterliegen Filmgenres jedoch auch historischen Wandlungen. Außerdem kann es innerhalb eines Films auch zu Vermischungen mehrerer Genres[1] kommen (Genresynkretismus[2]).

Als Einstieg in diese Thematik legt die Lehrkraft folgende Folie auf, welche als Diskussionsgrundlage der nachstehenden Leitfragen dient:

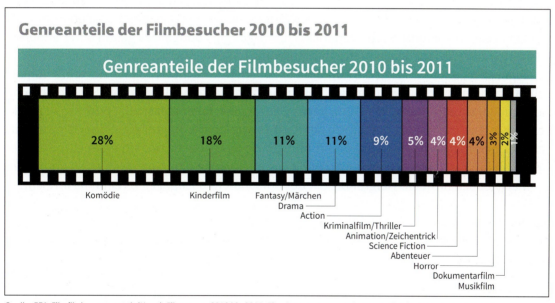

Quelle: FFA-Filmförderungsanstalt (Hrsg.): Filmgenres 2010 bis 2011. Eine Auswertung zum Genreangebot in deutschen Kinos und zur Genrevielfalt deutscher Filme, Berlin 2013

■ *Welche Filmgenres bevorzugen Sie?*
Welche Übereinstimmungen bzw. Abweichungen ergeben sich im Vergleich zur vorliegenden Statistik?

Die Kategorisierung von Filmen in bestimmte (Sub-)Genres ist am Filmmarkt gängige Praxis (Filmplakatwerbung, Fernsehzeitung usw.), da hierdurch gezielt eine bestimmte Erwartungshaltung des Rezipienten geweckt und bedient wird (vgl. Abschnitt 3.6, S. 54 f.). Sofern diese seinen Vorlieben und Neigungen entspricht, hilft die Einteilung dem potenziellen Kinobesu-

---

[1] FFA-Filmförderungsanstalt (Hrsg.): Filmgenres 2010 bis 2011. Eine Auswertung zum Genreangebot in deutschen Kinos und zur Genrevielfalt deutscher Filme. Berlin 2013. Zitiert nach URL: www.ffa.de/filearchive/b54de20d-c585e10bbe 6cca5731a58733.pdf (Abrufdatum: 2015-08-27), S. 4
[2] **Synkretismus** = Vermischung verschiedener Religionen, philosophischer Lehren o. Ä.

cher zudem, den Überblick angesichts der zunehmend unüberschaubaren Zahl von Neuerscheinungen zu behalten und ihm eine Entscheidungshilfe bei dem geplanten Gang ins Kino zu liefern.

Im zweiten, nunmehr spezifischen Teil der Diskussion soll den Kursteilnehmern die Selektionsfunktion von Filmgenres bewusst gemacht werden (vgl. **Schülerarbeitsheft**, S. 54):

■ *Setzen Sie sich mit der gängigen Praxis, Filme in Filmgenres einzuteilen, kritisch auseinander, indem Sie insbesondere folgende Fragen für sich beantworten:*
- *Warum werden Filme überhaupt klassifiziert?*
- *Welche Vor- bzw. Nachteile hat die Unterteilung in Filmgenres?*
- *Halten Sie die von der Filmförderanstalt (FFA) vorgenommene Einteilung vor diesem Hintergrund für sinnvoll bzw. treffend? Warum (nicht)?*

Im Anschluss an diese Einführung sollen mit dem Drama und der Komödie zwei nicht nur bedeutsame, sondern vielmehr absolut gegensätzliche Filmgenres genauer untersucht werden, um in einem weiteren Arbeitsschritt Pepe Danquarts Kurzfilm „Schwarzfahrer", den der Regisseur selbst als Komödie verstanden wissen will, treffend zuordnen zu können:
In einem **Drama**[1] werden ernste und emotionale Themen behandelt, weshalb die Handlung häufig von Verlust, Tod und Verfolgung geprägt und dabei nicht selten in einem der Realität nachempfundenen Umfeld angesiedelt ist. Im Mittelpunkt des Geschehens steht in diesem Setting die psychologische Entwicklung des Protagonisten, welcher emotional und/oder sozial tief in eine bestimmte Sache verstrickt ist. Als gängige Subgenres gelten unter anderem das Melodram, die Tragödie und das Psychodrama.
Im Gegensatz zum Drama hat die **Komödie** einen unterhaltenden und insbesondere humorvollen Handlungsverlauf, welcher den Zuschauer zum Lachen anregen soll. Sprachwitz und viel Situationskomik prägen den Film dieses Genres, der daher auch meist positiv und glücklich endet. Die menschlichen Schwächen und Laster des Protagonisten, über die der Zuschauer herzhaft lachen kann, werden oftmals bewusst übertrieben dargestellt. Bei aller Unterhaltung kann der Inhalt einer Komödie unterschwellig aber auch eine Kritik enthalten, die meist jedoch nicht die Tiefgründigkeit der Botschaft (Message) eines Dramas erreicht.

Bei dieser plakativen Unterscheidung fällt es schwer, den Kurzfilm „Schwarzfahrer" der Komödie zuzuschreiben, da das hier pointiert aufgeworfene Thema einschließlich der vermittelten Botschaft (vgl. Abschnitt 3.3, S. 45 f.) insgesamt zu ernst für dieses Filmgenre erscheint, wenngleich das Lachen am Schluss befreiend wirkt, wenn die verhärmte ältere Dame ihre gerechte Strafe und der Protagonist im Gegenzug seine Genugtuung erhält. Die Situation ist zwar vorbei, das Ende hingegen offen, da das ursächliche gesellschaftliche Problem nicht gelöst und auch nicht ansatzweise ein Weg aus der Misere aufgezeigt wird. Das Lachen bleibt dem Zuschauer daher im Halse stecken, da die ernste Botschaft des Films trotz der komischen Momente weiterwirkt.
Streng genommen findet der Rezipient folglich eine Kombination aus Drama und Komödie vor: die **Tragikomödie**. Ursprünglich ausschließlich in der Welt des Theaters angesiedelt, wird diese Darstellungsform zunehmend auch filmisch angewandt. Hierbei gibt es heitere Sequenzen, welche die ernste Grundstimmung nicht vergessen lassen, jedoch lässt der Ausgang des Films einen Hoffnungsschimmer für die Zukunft erkennen und vermittelt somit ein positives Gefühl.[2]

---

[1] Das Filmgenre **Drama** entspricht der literarischen Gattung der Tragödie. Im Gegensatz zur Literaturwissenschaft stellt die Tragödie hier lediglich ein mögliches Subgenre des filmischen Dramas dar.
[2] Hinzu kommt auch, dass eine Tragikomödie nicht zwangsläufig mit dem Tod des Protagonisten endet.

Mithilfe der folgenden Aufgabenstellungen (vgl. **Schülerarbeitsheft**, S. 55) werden die Schülerinnen und Schüler an diesen Lerngegenstand herangeführt:

- *Tragödie und Komödie stellen gewisse Gegenpole zueinander dar. Legen Sie in Ihrem Heft eine Tabelle nach folgendem Muster an und vergleichen Sie beide Filmgenres.*

- *Pepe Danquart versteht seinen Kurzfilm „Schwarzfahrer" als Komödie. Verfassen Sie einen Eintrag auf seiner Facebook-Seite, in welchem Sie begründet darlegen, warum Sie dieser Zuordnung (nicht) zustimmen.*

Die Ergebnisse dieser Analyse können zu folgendem Tafelbild zusammengefasst werden:

Genre des Kurzfilms „Schwarzfahrer"

Merkmale der Tragödie	Merkmale der Komödie
Themen und Handlung	
• ernst und/oder emotional, z. B. Verlust, Tod, Verfolgung • Held verliert und/oder stirbt	• humorvolle Handlung, die zum Lachen anregen soll • positives, glückliches Ende
Figuren	
• Held ist emotional und/oder sozial in etwas verstrickt • Fokus liegt auf der psychologischen Entwicklung des Helden	• menschliche Schwächen und/oder Laster werden übertrieben dargestellt • Sprachwitz und Situationskomik der Figuren
Setting (Ort und Zeit)	
• reales Umfeld	• reales Umfeld

↓

hier: ernste Botschaft mit komischen Momenten (→ **Tragikomödie**)

Zur Vertiefung dieses Lerngegenstandes können die Kursteilnehmer abschließend dazu angehalten werden, die folgende Problemfrage zu erörtern, beispielsweise im Rahmen einer Hausaufgabe:

- *Erörtern Sie, ob Humor etwas gegen Rassismus, Vorurteile und andere gesellschaftliche Missstände bewirken kann. Beziehen Sie dabei zum einen auch die Wirkung des Kurzfilms auf sich selbst und zum anderen Fälle von Diskriminierung oder Übergriffen, welche Sie selbst erlebt oder beobachtet haben, in Ihre Überlegungen ein.*

3.5.2 Genrespezifische Erzählmuster und Gestaltungsprinzipien im Kurzfilm „Schwarzfahrer" bestimmen

Im Folgenden sollen die Kursteilnehmer der Frage nachgehen, ob es überhaupt genretypische Muster und Motive filmischen Erzählens gibt und, wenn ja, worin die im Kurzfilm „Schwarzfahrer" bestehen.

Der vorliegende Text von Claus Schlegel (vgl. **Schülerarbeitsheft**, S. 55f.) zeigt eine dem Zuschauer vertraute Aufstellung gängiger Situationen der Filmgeschichte. Dabei ist bei näherer Betrachtung festzustellen, dass einerseits bestimmte Filmklischees zweifelsfrei einem bestimmten Filmgenre zugeordnet werden können. Als Beispiel führt der Autor den Verzehr eines doppelten Whiskeys an, den der Protagonist „in einem Schluck austrinkt". „[S]pätestens zwei Minuten [später ist er] in eine Schlägerei verwickelt, bei der garantiert der Spiegel, das Treppengeländer und einige Flaschen, Tische und Stühle zu Bruch gehen" (Z. 3f.) – eine Szenerie, die in keinem Western fehlen darf.

Andererseits wird im weiteren Verlauf seiner Ausführungen schnell deutlich, dass es nicht **die** genretypischen Erzählmuster und Motive gibt, wie das folgende Beispiel belegt: Die Aussage „Ich komme gleich wieder" ist nämlich nicht nur auf das Genre des Horrorfilms beschränkt, vielmehr ist diese grundsätzliche Konstellation, dass diese Figur „mit Sicherheit das nächste Opfer" (Z. 13) sein wird, durchaus auch in diversen anderen Filmgenres wie (Polit-)Thriller, Actionfilm usw. denkbar.

Auch in Pepe Danquarts Kurzfilm kehren solche Filmklischees wieder, allerdings sind auch diese meist nicht unbedingt genretypisch, sondern können ebenfalls in verschiedenen Gruppen von Filmen Verwendung finden. Exemplarisch sind hier folgende klischeehafte Erzählmuster und Motive anzuführen, die filmsprachlich einen hohen Wiedererkennungswert haben und somit für den Zuschauer leicht zu interpretieren bzw. zu „durchschauen" sind:

Zeichen von ...
- Nervosität: Schweißperlen auf der Stirn des schwarzfahrenden Motorradfahrers
- geistiger Starre: Rentner als Träger für Intoleranz, Unverständnis und Rassismus

Um die Kursteilnehmer für diesen Lerngegenstand zu sensibilisieren, bearbeiten sie die entsprechenden Aufgabenstellungen im **Schülerarbeitsheft** (S. 56) in Partnerarbeit, wobei die dritte Aufgabe vorerst <u>nicht</u> berücksichtigt wird:

> *Ordnen Sie die im Text angeführten Erzählmuster und Motive bestimmten Filmgenres zu. Ergänzen Sie Ihre Übersicht gegebenenfalls um weitere genretypische Klischees, die Sie aus Filmen kennen.*

> *Diskutieren Sie mit Ihrem Sitznachbarn, inwiefern sich auch Danquart in seinem Kurzfilm „Schwarzfahrer" typischer Erzählmuster und Motive bedient.*

Die Ergebnisse der Aufgabe 1 können dabei in folgendes Tafelbild münden:

Genrespezifische Erzählmuster und Motive?

Muster und Motive	Filmgenre
Schlägerei nach doppeltem Whiskey Colt zum Duell zücken (amerikanisch)	Western
von einem Auftragskiller während des Verhörs erschossener Zeuge	(Polit-)Thriller
Metamorphose zur attraktiven Frau	Komödie, Liebesfilm usw.
Angriff wilder Tiere auf eine Frau	Abenteuerfilm, Komödie, Liebesfilm usw.
Opfer nach Abschied: „Ich komme gleich wieder"	Horrorfilm, Actionfilm usw.
schweißgebadetes Erwachen aus einem Albtraum	diverse Filmgenres (z. B. Horrorfilm)
Sterbeszene: „Sagen Sie meiner Frau, dass ich sie liebe"	diverse Filmgenres (z. B. Drama)
Stilparodien aller genannten Muster und Motive	Komödie
…	…

↓

Einsatz bekannter Erzählmuster und Motive als Interpretationshilfe für den Zuschauer
→ überwiegend allerdings unabhängig vom Filmgenre

Zur Vertiefung dient im Folgenden die dritte Aufgabe (vgl. **Schülerarbeitsheft**, S. 56), welche den Schülerinnen und Schülern als Hausaufgabe erteilt werden kann. Hierbei soll ein Filmplakat entworfen werden, welches die genretypischen (?) Merkmale des Kurzfilms „Schwarzfahrer" auf einen Blick erkennen lässt:

> *Entwerfen Sie für den Kurzfilm „Schwarzfahrer" ein Filmplakat. Achten Sie dabei darauf, dass die besonderen und möglicherweise zudem genretypischen Merkmale dieses Werkes für den Betrachter auf einen Blick zu erkennen sind.*

Die Filmplakate der Schülerinnen und Schüler können und werden sehr verschieden ausfallen, was auch ausdrücklich gewollt ist. Enthalten sein sollten neben den allgemeinen Bestandteilen eines Filmplakates (Filmtitel, große/s Illustration/Collage/Foto, Namen der Hauptdarsteller usw.) möglichst folgende (Gestaltungs-)Elemente, welche zum einen charakteristisch für diesen Kurzfilm sind und zum anderen das Filmgenre der Tragikomödie konstituieren:

- Farbgestaltung überwiegend schwarz/weiß; ggf. wenige, gezielte Farbakzente, um Aufmerksamkeit zu erregen[1]
  → Wiederaufnahme der leitmotivisch gebrauchten Schwarz-Weiß-Metaphorik im Film

---

[1] Analog zur Gestaltung von Werbeplakaten wird auch bei der Konzeption von Filmplakaten häufig von der sogenannten AIDA-Formel Gebrauch gemacht: **A**ttention = Aufmerksamkeit erregen; **I**nterest = Interesse für das Produkt wecken; **D**esire = (Kauf-)Wunsch auslösen; **A**ction = Kauf des Produktes

Baustein 3: Der Film als eigene Kunstform

- Screenshot der zentralen Figuren mit abgewandter Körperhaltung und/oder ablehnender Mimik in Großaufnahme
  - → Vorausdeutung der inneren Distanz der Figuren; Betonung der ernsten Grundstimmung (vgl. Tragikomödie)

3.6 Einführung in die Filmkritik

Der ausgewählte Text „Ohne den dicken deutschen Zeigefinger" von Clarissa Ruge, der am 23. März 1994 in der Berliner Zeitung erschienen ist, stellt keine eigentliche Rezension zu Pepe Danquarts Kurzfilm dar, sondern vielmehr einen Bericht anlässlich der Oscar-Preisverleihung in Los Angeles (vgl. **Schülerarbeitsheft**, S. 57 f.), weshalb sich die gängigen Inhalte dieser journalistischen Textsorte (vgl. Tafelbild, S. 54) nur teilweise identifizieren lassen:

Neben einer kurzen inhaltlichen Zusammenfassung (vgl. Z. 17 ff.) wird unter anderem auch ein Hinweis zum Genre des Kurzfilms gegeben (vgl. Z. 10). Indem die Verfasserin ihre Überzeugung äußert, dass es Danquart mit dem Stilmittel der „Ironie" gelinge, „das schwere Thema Diskriminierung auf[zufangen]" (Z. 13 f.), wird das Besondere dieses Kurzfilms zumindest angedeutet.

Informativ ist für den Leser darüber hinaus das Zitat des Produzenten, demzufolge die „Handlung nicht [frei] erfunden" sei, sondern „sich wirklich in der Schweiz zu[getragen]" (Z. 21) habe.

Dennoch erscheint der Bericht geeignet, Aufbau, Inhalt und Schreibstil einer Filmkritik mit Blick auf die nahende schriftliche Abiturprüfung an dieser Stelle wiederholend zu thematisieren und als Anlass zu nehmen, die bereits vorhandenen Elemente (origineller und sinnstiftender Titel, kurze Inhaltsangabe usw.) weiter auszuführen.

Zu diesem Zweck bearbeiten die Kursteilnehmer die Aufgaben im **Schülerarbeitsheft** (S. 56 f.) in Einzelarbeit (ggf. als vorbereitende Hausaufgabe):

■ *Aktivieren Sie Ihr Textsortenwissen und notieren Sie mithilfe der Informationen auf Seite 57 stichwortartig die konstitutiven Inhalte bzw. Elemente einer Rezension.*

Ausgehend von der vorherigen Aufgabenstellung sollten Inhalt und Aufbau einer Rezension wiederholend besprochen und bei Bedarf an der Tafel wie folgt gesichert werden:

Die Rezension

Aufbau, Inhalt
- einen originellen, sinnstiftenden Titel, der zum Lesen des Textes motiviert, formulieren
- den Inhalt kurz zusammenfassen, ohne den Ausgang der Handlung vorwegzunehmen
- das Besondere des Films (Thema, Figurenkonstellation, Special Effects o. Ä.) nennen und ausgewählte Beispiele ausführlicher beschreiben
- ein Urteil mit Begründung (z. B. Kinoempfehlung aussprechen) formulieren

Schreibstil
- bildhaftes Vokabular
- wertende Adjektive
- rhetorische Figuren
- Fachbegriffe

Im Anschluss an diesen Arbeitsschritt widmen sich die Kursteilnehmer dem vorliegenden Zeitungsartikel und bearbeiten die im **Schülerarbeitsheft** (S. 58) formulierten Arbeitsaufträge:

- *Lesen Sie den vorliegenden Zeitungsartikel und beurteilen Sie, ob es sich dabei um eine Rezension handelt. Gehen Sie in diesem Zusammenhang auf die Aspekte ein, die Sie mit Blick auf diese Textsorte möglicherweise vermissen bzw. als entbehrlich erachten.*
- *Verfassen Sie eine Rezension zu Pepe Danquarts Kurzfilm „Schwarzfahrer".*

Notizen:

Klausurvorschlag 1 mit Erwartungshorizont

Daniel Kehlmann (geb. 1975): Ein Beitrag zur Debatte

Bei dem folgenden Textauszug handelt es sich um den Beginn einer Geschichte aus seinem 2009 veröffentlichten Werk „Ruhm. Ein Roman in neun Geschichten", bei dem Kehlmann voneinander scheinbar unabhängige Episoden kunstvoll zu einem Textganzen verknüpft.

Ja muß ich erst ausholen. Sorry und: weiß ja, daß lithuania23 und icu_lop sich wieder über die Länge von diesem Posting lustig machen werden, und natürlich lordoftheflakes, der Troll, wie neulich bei seinem
5 Flaming im movieforum, aber kürzer kann ichs nun mal nicht, und wers eilig hat, soll das einfach überspringen. Treffen mit Celebrities? Na aber aufgepaßt! Vorausschicken muß ich, daß ich ein riesen Hardcore-Fan von diesem Forum bin. Stahlidee. Normale Ty-
10 pen wie ich und du, die Prominente spotten und davon erzählen: Kalte Sache, toll überlegt, interessant für jeden, und außerdem hat das Kontrollfunktion, damit die wissen, daß sie gescannt werden und sich nicht aufführen können wie was weiß ich. Wollte
15 schon lang hier posten, allein woher der Kontent? Dann aber letztes Wochenende, und gleich voller Container.
Ganz kurz Vorgeschichte. (Mein Leben war der volle Container Irrsinn in letzter Zeit, muß man aber fertig
20 werden mit, gibt eben solche und solche Zeiten, Yin und Yang, und für die Freaks, die nie von gehört haben: Das ist Philosophie!) Meinen Usernamen mollwitt kennt ihr aus andren Foren. Ich poste viel bei Supermovies, auch bei den Abendnachrichten, bei li-
25 terature4you und auf Diskussionsseiten, und auch wenn ich Blogger sehe, die Bullshit verzapfen, halt ich mich nicht zurück. Immer Username mollwitt. Im Real Life (dem wirklichen!) bin ich Mitte dreißig, ziemlich sehr groß, vollschlank. Unter der Woche tra-
30 ge ich Krawatte, Officezwang, der Geldverdienmist, macht ihr ja auch. Muß sein, damit man seinen Lifesense realisieren kann. In meinem Fall Schreiben von Analysen, Betrachtungen und Debatten: Kontributionen zu Kultur, Society, Politikzeug.
35 Ich arbeite in der Zentrale einer Mobiltelefongesellschaft und teile Büro mit Lobenmeier, den ich hasse, wie noch nie einer einen anderen gehaßt hat, da könnt ihr drauf Kies essen. Wünsche ihm den Tod, und gäbs Schlimmeres, dann wünschte ich ihm das statt Tod,
40 und gäbs noch Schlimmeres, dann exaktgenau das statt dessen. Logischer Fall, daß er auch der Lieblingsmann vom Boss ist, immertäglich pünktlich, immerja fleißig, und solange er am Desk ist, macht er sein Workzeug und unterbricht nur, um mir das Auge zu geben und so was zu sagen wie: „Ey, schon wieder 45 Internet?" Manchmal springt er auf, geht um meinen Desk und will mir auf den Screen glancen, aber ich bin fix und klicke immer rechtzeitig zu. Nur einmal mußte ich sehr dringend Restroom, da hab ich aus Versehen paar Fenster offen gelassen, und als ich zurück, saß er 50 mit riesen Smile auf meinem Stuhl. Ich schwörs euch, wär der nicht dauernd Fitneß-Studio, in dem Moment hätt er richtig Fresse gekriegt.
Ernst übel auch unser Boss. Ganz unkalt und heftig schlimm, aber nicht auf die kleine Art. Ich glaube, 55 daß er mir vertraut, aber man weiß nicht bei ihm: Ständig denkt er über uns nach und listet Pläne, die keiner überzieht. Mir ja ganz fremd, das Power Play, mir gehts um die Gesamtsache und die Gesellschaft und all die Schweinereien, die täglich, ihr wisst ja. Ist 60 doch obvious, daß wer in der Zeitung schreibt, schon gekauft, und über wen geschrieben wird, mit drin. Eine riesen Konspiration, alle mit allen unter Decke, machen Geld wie Irrsinn, und wir Anständigen gukken zu. Ich sag nur Beispiel: Funksprüche von 9/11, 65 lest das mal nach im Netz, dann wundert euch gar nichts mehr!
Zurück zum Topic. Begann alles letzten Freitag. Grad wollt ich im Filmforum der Abendnachrichten posten, wegen Ralf Tanner[1] und der Ohrfeige. Bugclap4 70 meinte, daß da nichts mehr läuft zwischen ihm und Carla Mirelli, während icu_lop dachte, da ist noch was zu retten. Ich wußte wieder mehr, weil hatte auf andrer Website was gelesen, aber als ich damit public gehen wollte, merkte ich, daß ich nicht mehr posten 75 konnte. Ging einfach nicht! Voller Container Fehlermeldung jedes Mal, und weil es mir plötzlich aber so was von stank, rief ich da einfach an.
Okay, okay, okay, okay, schon klar. Unüberlegt. Weiß ich. Aber am Abend zuvor zu allem andren schon 80 wieder Ärger mit Mutter gehabt: Kannst für dich selbst kochen, kannst dein Zeug selbst waschen, so

---

[1] Die Figur **Ralf Tanner** ist ein berühmter Schauspieler, der in einer vorangegangenen Kurzgeschichte eine zentrale Rolle spielt und hier von seiner (Ex-)Freundin Carla Mirelli geohrfeigt wird.

Axel Ranisch als Mollwitz in „Ruhm" (D 2012)

was und mehr davon, bis ich dann zurück: „Wohn doch allein, zahl selbst Miete!"
Sie dann: „Wollt ja nie hierherziehen! Und du willst ja lieber mit irgendeinem Weibsmensch!"
Drauf ich: „Geh doch zurück nach Rüdesheim, blöde Kuh!"
Gegen Mitternacht dann riesen Versöhnung, aber ich war immer noch wirr und kopfzerbraust am nächsten Tag, sonst wärs mir sicher nicht passiert.
Also: Guckte Nummer nach, wählte. War so wütend, daß ich mein Herz beaten hörte.
Meldete sich eine müde Männer-Stimme. Ich: „Meine Postings werden nicht angezeigt! Ist schon das vierte Mal."
Stimme drauf: Wie, was, wo Postings? Überzog gar nichts.
Ich deshalb: Erklären, erklären, blabla, dann er: „Verbinde weiter!"
Dann zweiter und dritter Techniktyp, und ausgerechnet jetzt kam Lobenmeier zurück und machte ein Smile wie Mooshirn und hörte zu, während der Techniktyp nach Namen und Stand-Ort und IP-Adresse und Ethernet ID fragte.
Dann tippte der Typ, gähnte, tippte, stockte. „Geben Sie nochmal die IP!"
Ich: „Probleme?"
Er tippte, stockte, tippte, fragte dann, ob möglich, daß ich schon zwölftausenddreihunderteinundvierzigmal im Abendnachrichten Forum gepostet hatte.
„Und?"
Er noch mal: „Zwölftausenddreihunderteinundvierzig."
„Na und?"
Er zum dritten Mal. Führte alles zu nichts. Ich legte auf.
Ich weiß, daß ihr euch jetzt hochlacht wie Irrsinn. Aber niemand ist immer total auf Alert, und Müllmist passiert eben. Als ich wieder versuchte, ging das Posten gleich, und es gab so viel zu tun, daß ich nicht mal mehr drüber nachdachte. Die Diskussion war schon weit, und höchste Zeit, daß einer Reason reinbrachte. Ralf Tanner und Carla Mirelli, schrieb ich, das wird nie wieder was, der hat doch Müllmist im Hirn und ist häßlich wie Viech, das könnt ihr vergessen!
Erst Stunde später kam mir der Verdacht, daß ich eine riesen Dummheit gemacht hatte. Echten Namen, echte Adresse, die IP: Ich war jetzt voller Container visible! Sehr unangenehmes Gefühl, aber für wirklich. War dann aber wieder Irrsinn wie eingespannt und kam gar nicht zum Denkgrübeln: Gab grad einen riesen Streit mit lone-bulldoggy auf thetree.com, und währenddessen mußte ich ein Warnmemo von der Technik durchsehen, irgendwas über eine Störquelle bei der Nummernvergabe, das mir der Boss auf den Desk geknallt hatte. Das hatte ich schon vorgestern gehabt. Hatte es an Hauberlan weitergeschickt, der es dann offenbar nach oben mailen mußte, wahrscheinlich nur, um mich anzuschwärzen, die Drecks-Sau ist mit Lobenmeier im Bund. Und plötzlich ließ mich der Boss rufen.
Na, riesen Schreck und voller Container Herzklopf. Dachte natürlich: Jetzt schon wegen der IP-Sache? Stehe auf, gehe rüber, nehm mir vor, kalt zu bleiben. Bin ja nicht irgendein Gumpfrich, hab schon ins Guestbook des Bundespräsidenten geschrieben (wurde aber gelöscht), mich drückt man so nicht runter, ich kanns schon jedem geben, wenn nötig.
Stehe ich also vorm Boss, und er sieht mich an. Durchdringender Blick. Wie Saruman. Oder Vorlone Kosh aus Babylon 5. Schaute also der mich an und ich schaute ihn. Richtig kalter Moment. Zwei Männer, ein Blick. Stahlehrlich.
Sagte er was vom Kongress der Europäischen Telekommunikations-Anbieter, Startbeginn gleich übermorgen. Wollte selbst fahren, aber konnte nicht, und die Abteilung mußte vertreten werden, und es war auch eine Presentation zu machen: Nationale versus Europäische Funknormen.
Ich brauchte bißchen, bis ich überzog. Ja fucking shit. Was? Dazu müsst ihr wissen, ich verreise voller Container ungern. Die Seats in den Zügen sind schmal wie Irrsinn, sodass eine normale Menschenperson sich gar nicht reinseaten kann. Und so eine Presentation vor ganz fremden Leuten, also ich glaube nicht.
Ich daher: Nein und geht gar nicht gut und will nicht und andre Pläne, aber er: Unsinn, Sie müssen, kann ja sonst niemand. Also was soll man da? Ich: „Okay, Boss!", und er: „Sie sind mein Bester!", und ich: „Ey nicht so was!", und er: „Aber weils stimmt", und in der Art hin und her und hin, und dann ich wieder in mein Büro, und da hab ich erst gesehen in Papierunterlagen, daß ich die Presentation auf Englisch machen soll. Heiliger Mist! Englisch? Heiliger Mist! […]

(2009)

Aus: Daniel Kehlmann: Ein Beitrag zur Debatte. In: ders.: Ruhm. Ein Roman in neun Geschichten. Reinbek: Rowohlt Verlag 2009, S. 133–139. Aus urheberrechtlichen Gründen nicht in reformierter Schreibung.

Aufgabe 1
Interpretieren Sie den Auszug aus Daniel Kehlmanns Geschichte „Ein Beitrag zur Debatte".

Aufgabe 2
Erörtern Sie, inwiefern Daniel Kehlmann einen literarischen Beitrag zur Medienkritik leistet und ob Literatur für diesen Zweck generell geeignet ist.

Bewertung der Schülerleistung: Untersuchendes Erschließen literarischer Texte

Name:	
Schulhalbjahr:	
Kurs:	
Fachlehrer/-in:	
Thema der Klausur:	Daniel Kehlmann: Ein Beitrag zur Debatte

1. Verstehensleistung

Teilaufgabe 1 Die Schülerin/der Schüler	max. Punktzahl	erreichte Punkte
nennt einleitend die bibliografischen Informationen (Titel, Autor, Erscheinungsjahr und -ort), die Textsorte (Erzählung) und das Thema (Kompensation des unbefriedigenden Lebens durch Eskapismus).	5	

interpretiert den Auszug aus der Kurzgeschichte „Ein Beitrag zur Debatte" umfassend und differenziert, z. B.:
• positives Selbstbild
  – Mollwitz (alias „mollwitt") ist „Mitte dreißig, ziemlich sehr groß, vollschlank" (Z. 28 f.)
  – erachtet seinen Beruf als Supporter „in der Zentrale einer Mobilfunkgesellschaft" als lästigen „Geldverdienmist" (Z. 30 ff.)
  – findet seinen „Lifesense" (Z. 31 f.) in zahlreichen Internetforen
  – hält sich für einen Blogger mit politischer und sozialer Kontrollfunktion
    → will Politiker, Künstler und Prominente „scannen", damit sie sich nicht nach Belieben aufführen können (vgl. Z. 12 ff.)
• deutlich abweichendes Fremdbild
  – ist in Chatforen äußerst geschwätzig und selbstgerecht (vgl. Z. 1 ff. und Z. 73 ff.)
  – offenbart mangelnde Medienkompetenz
    – lässt am Bildschirm versehentlich Seiten geöffnet, die seine privaten Tätigkeiten während der Arbeitszeit belegen (vgl. Z. 43 ff.)
    – gibt unbedacht seine wahre Identität im Internet preis, nur um eine kurze Störung zu überbrücken (vgl. Z. 103 ff.)
  – hat Angst vor einem Vortrag in Englischer Sprache (vgl. Z. 173 ff.)
  – hat den Hang, sich und seine Situation zu beschönigen bzw. zu verdrängen (vgl. Z. 27 ff.)
  – ignoriert die deutlich erkennbaren Anzeichen seiner Internetsucht
    → Realitätsverlust und Selbstentfremdung Mollwitz' als Folge des exzessiven Medienkonsums
	20	

erläutert mind. zwei sprachliche und/oder erzählerische Mittel, mit denen die Botschaft transportiert wird, z. B.: • sprechender Name des Ich-Erzählers: Neologismus aus „mollig" und „Witzfigur" → Mollwitz = groteske, Mitleid erregende Figur (Anti-Held) • Gebrauch von Umgangssprache und Webjargon lässt die dargestellte Handlung authentisch und den Protagonisten als typischen (?) Nerd erscheinen • Erzählform (Ich-Erzählung)/erlebte Rede: Darstellung lässt den Leser die Innensicht des Protagonisten „live" miterleben; jedoch keine Identifikation (s. o.)	5	
fasst die Botschaft an den Leser (Medienabhängigkeit als gesellschaftliches Problem [vgl. Titel] o. Ä.) im Sinne eines Fazits zusammen.	5	
belegt seine/ihre Ausführungen mithilfe geeigneter Textbeispiele.	5	
Summe Teilaufgabe 1	**40**	

Teilaufgabe 2 Die Schülerin/der Schüler	max. Punktzahl	erreichte Punkte
erläutert kurz den Untersuchungsgegenstand (Erörterung: Kurzgeschichte als literarischer Beitrag zur Medienkritik?) im Sinne einer Überleitung.	5	
erörtert die Frage, inwiefern der Text medienkritisch zu verstehen ist und ob Literatur einen Beitrag zu leisten vermag, gesellschaftliche Veränderungen herbeizuführen: *Argumente einer affirmativen Sichtweise* • unkritische Haltung des Protagonisten gegenüber dem Medium „Internet" schockiert und weckt Aufmerksamkeit des Lesers • Protagonist zeigt deutliche Anzeichen einer beginnenden Medienabhängigkeit (Eskapismus) • Offenlegung der Position des Autors durch Satire • Literatur erfüllt förderliche Funktionen: Unterhaltung, Vermittlung von Wissen/fremden Lebenserfahrungen (→ Selbstreflexion, Identitätsbildung) *Argumente einer kritischen Sichtweise* • u. U. geringere Identifikation bzw. Betroffenheit bei fiktiver Handlung im Vergleich zu journalistischen Formaten • Reichweite und Auflage des gedruckten Buches evtl. noch geringer als die einer Tageszeitung	20	
gelangt auf der Grundlage seiner/ihrer Argumentation zu einem eigenen Urteil und begründet seine/ihre Entscheidung schlüssig.	5	
Summe Teilaufgabe 2	**30**	
Summe Verstehensleistung	**70**	

2. Darstellungsleistung

Anforderungen Die Schülerin/der Schüler	max. Punktzahl	erreichte Punkte
schreibt sprachlich richtig und syntaktisch sicher.	5	
gibt die Meinung Dritter korrekt im Konjunktiv I bzw. in der Ersatzform wieder.	5	
formuliert sprachlich und stilistisch sicher und abwechslungsreich.	5	
strukturiert seinen/ihren Text schlüssig, stringent und gedanklich klar.	5	
verwendet das erforderliche Fachvokabular der Textanalyse.	5	

wendet die Zitiertechniken korrekt an.	5	
Summe Darstellungsleistung	**30**	

Bewertung:	max. Punktzahl	erreichte Punkte
Summe insgesamt (Verstehens- und Darstellungsleistung):	**100**	

Kommentar:

_____
_____
_____
_____
_____
_____
_____
_____
_____

Die Arbeit wird mit der Note _____ **beurteilt.**

Datum: _____ Unterschrift: _____

Bepunktung

Note	Punkte	erreichte Punktzahl
sehr gut plus	15	100 – 95
sehr gut	14	94 – 90
sehr gut minus	13	89 – 85
gut plus	12	84 – 80
gut	11	79 – 75
gut minus	10	74 – 70
befriedigend plus	9	69 – 65
befriedigend	8	64 – 60
befriedigend minus	7	59 – 55
ausreichend plus	6	54 – 50
ausreichend	5	49 – 45
ausreichend minus	4	44 – 39
mangelhaft plus	3	38 – 33
mangelhaft	2	32 – 27
mangelhaft minus	1	26 – 20
ungenügend	0	19 – 0

© Westermann Gruppe
Best.-Nr. 022686

Klausurvorschlag 2 mit Erwartungshorizont

Bernhard Pörksen (geb. 1969): Wir Tugendterroristen

Bernhard Pörksen studierte Germanistik, Journalistik und Biologie in Hamburg, volontierte beim Deutschen Allgemeinen Sonntagsblatt und publizierte Essays, Kommentare und Debattenbeiträge in namhaften Tages- und Wochenzeitungen, Magazinen sowie Online-Medien. 2008 erhielt er einen Ruf an die Universität Tübingen und ist dort seitdem als Professor am Institut für Medienwissenschaft, dessen Mitbegründer er ist, tätig.

Im digitalen Zeitalter neigt die Mediendemokratie zur dauernden Empörung: Permanent droht der Skandal. Warum ist das so?

Vielleicht werden Mentalitätshistoriker, die eines Tages in den Archiven und Datenspeichern nach kollektiven Bewusstseinsspuren fahnden, unsere Gegenwart als die Epoche der Daueraufregung beschreiben, als die Zeit des permanenten Skandals. Denn es vergeht kein Tag, an dem diese Gesellschaft nicht mit neuen Empörungsangeboten geflutet würde. Schon wer das Wort Skandal bei Google eingibt, also die moderne Form des Existenz- und Relevanznachweises führt, erhält gut 58 Millionen Treffer. Ganz im Sinne der allgemeinen Aufregungskommunikation gefragt: Wer ist schuld? Das Netz? Hat diese „Spektakelmaschine in Echtzeit" (Sascha Lobo) den Ton bis an den Rand des Diskurs-Ruins verschärft?

Das allerdings, so muss man gleich festhalten, ist die falsche Frage. Denn zum einen würde die Netz-Verteufelung bedeuten, dass die Verantwortung des Einzelnen unsichtbar würde, der dieses so faszinierend plastische Medium auf seine Weise benutzt: manchmal eben für das absurde Spektakel, den Shitstorm ohne Sinn und Verstand, dann aber eben auch für die gesellschaftlich bedeutsame Aufklärung, die dringend benötigte Transparenz. Und zum anderen würde man sich den Blick dafür verbauen, dass die allmähliche Verwandlung der Öffentlichkeit in ein Testlabor für Erregungsvorschläge vielschichtige Ursachen besitzt. Es reicht also nicht hin, einfach nur auf das Netz zu schimpfen. Denn was sich am Beispiel der allgemeinen Skandalsucht offenbart, ist Symptom eines umfassenden Kultur- und Medienwandels, Ausdruck und Folge einer neuen publizistischen Formation.

Aus der einst vornehmlich massenmedial geprägten Mediendemokratie entsteht allmählich die Empörungsdemokratie des digitalen Zeitalters. Hier wird die Deutungsmacht der wenigen zum erbittert ausgefochtenen Meinungskampf der vielen. Hier wird aus dem Gatekeeping (dem journalistischen Akt des Gewichtens, des Publizierens und Verschweigens von Information an der Zugangsschleuse zur Öffentlichkeit) das permanente, oft sorglos betriebene Gateblowing: Es genügt manchmal schon ein einziger Link, ein rasch mit dem Smartphone produziertes und dann online gestelltes Filmchen, eine sekundenschnell abgesetzte Twitter-Meldung, um gerade noch geschützte, abgeschottete Informationsräume aufzusprengen – eine Form der barrierefreien Ad-hoc-Publikation, die die Zahl möglicher Skandalofferten noch einmal kräftig potenziert.

Räumliche, zeitliche und kulturelle Grenzen sind leicht passierbar geworden

In der massenmedial geprägten Mediendemokratie konnten einst publizistische Großmächte darüber entscheiden, was als wichtig zu gelten hatte. Es gab räumlich einigermaßen eingrenzbare Wirkungsfelder, klar erkennbare, physisch fassbare Machtzentren. In der digitalen Empörungsdemokratie der Gegenwart sind räumliche, zeitliche und kulturelle Grenzen leicht passierbar geworden. Wir wissen von Mitt Romneys Ausfällen bei einem Spendendinner, Günther Oettingers Englisch-Karaoke vor amerikanischem Publikum, den antisemitischen Pöbeleien des ehemaligen Dior-Designers John Galliano in einem Pariser Café. Einmal digitalisierte Dokumente der Blamage und der Demontage, Spott- und Hassvideos lassen sich rasend schnell verbreiten, ohne Aufwand kopieren, kaum noch zensieren und immer wieder präsentieren. Sie zirkulieren heute global.

Und das einst weitgehend stumme, zur Passivität verdammte Medienpublikum wird zunehmend selbst zum Akteur, zu einem neuen Player im Wettlauf um den Scoop und die Sensation. In der Empörungsdemokratie der Gegenwart besitzt fast jeder die Instrumente, um die eigenen Botschaften in die medialen Erregungskreisläufe einzuspeisen. Man braucht keine Redaktion, keinen Sender, lediglich einen Netzzugang und ein Thema, das fasziniert und alarmiert. [...] Journalisten bekommen also eine manchmal äußerst professionell arbeitende Konkurrenz im Enthüllungsgeschäft. Und die journalistischen Skandalbehauptungen selbst, all die Aufmacher und Aufreger, auch das ist neu, werden selbst sehr rasch durch ein aktiv gewordenes Publikum skandalisierbar, was die allgemeine Erregung noch weiter steigert – im Netz, auf den Leserbriefseiten und in Protestmails [...].

Wer „Skandal!" schreit, will vor allem eins: Aufmerksamkeit

Aber die Veränderung des Diskursklimas hat auch handfeste ökonomische Gründe, nimmt doch die Konkurrenz auf dem Medienmarkt beständig zu. Wer „Skandal!" ruft, der zeichnet seine eigene Botschaft als unbedingt beachtenswert aus. Der Skandalschrei ist inzwischen so etwas wie die Ultrakurzformel eines aggressiven Werbens um Aufmerksamkeit. Erfolgreiche Aufreger sind schlicht profitabel, gerade in einer Zeit, in der etablierte Erlösmodelle nicht mehr reibungslos funktionieren, die Leserbindung schwächer wird, Auflagen sinken, Quoten einbrechen. Und schließlich lässt sich, auch das ist eine Ursache des allgemein spürbaren Klimawandels, eine Moralisierung aller Lebensbereiche beobachten, eine Neigung zum Tugendterror, der Maß und Mitte verloren hat. Warum ist das so? Moralische Empörung suggeriert ein Ad-hoc-Verstehen, liefert die Möglichkeit, sich über den anderen zu erheben und im Moment der kollektiven Wut Gemeinschaft zu finden. Sie kommt dem allgemein menschlichen Bedürfnis nach Einfachheit, der Orientierung am Konkreten, Punktuellen und Personalisierbaren entgegen, bedient die Sehnsucht nach Eindeutigkeit, dem Sofort-Urteil und der Instant-Entlarvung. Und ebendies führt uns wieder zu den neuen technischen Möglichkeiten und der radikalen Demokratisierung der Enthüllungspraxis zurück. Denn es braucht eben nur ein paar Klicks, und schon ist ein Zitat gefunden, ein Beitrag entdeckt, aus dem sich ein Widerspruch formen, der Vorwurf der persönlichen Inkonsequenz basteln lässt [...].
Die Wasser-Wein-Entlarvung („predigt Wasser, trinkt aber Wein!"), eigentlich ein archaisches Erregungsprinzip, ist heute ein Gesellschaftsspiel geworden, an dem sich jeder ohne größere zeitliche oder intellektuelle Unkosten beteiligen kann. Die Folge für Politiker und alle, die in der Öffentlichkeit stehen: Die moralische Selbstfestlegung bedeutet womöglich einen gegenwärtigen Imagegewinn, stellt aber ein zukünftiges Reputationsrisiko dar. Vorsicht also beim ethics talk, so muss man warnend hinzufügen; die eigenen Sätze werden einem vielleicht morgen schon um die Ohren gehauen.

Bei welchem Thema lohnt sich die Wut? Welche Debatten wollen wir?

Es sind die technologischen Bedingungen, die medialen Konkurrenzverhältnisse, die gesellschaftlichen Moralisierungswellen im Verbund mit allgemein menschlichen Wahrnehmungsmustern, die in der Summe eine Skandalisierungsspirale in Gang setzen und eine beständig lauernde Erregungsbereitschaft erzeugen, die sich in rascher Folge neue Opfer und Objekte sucht. Was aber wäre, wenn die stimmberechtigten Mitglieder der Empörungsdemokratie (und das sind wir alle) sich zu einem klügeren, sorgfältigeren, besser dosierten Umgang mit den eigenen Affekten entschließen und sich einer einzigen Frage stellen würden: Was ist wirklich wichtig – bei welchem Thema lohnt die Wut, bei welchem nicht? Welche Debatten könnten dann entstehen, welche Formen der kreativen Nachdenklichkeit, des ausgeruhten Argumentierens?
Eine derartige kollektive Sensibilisierung für Relevanz und eine plötzlich um sich greifende Begeisterung für die Nuance sind unrealistisch, gewiss. Aber man wird doch noch träumen dürfen, wenigstens für einen Moment. Bis zum nächsten Skandal.

(2012)

Bernhard Pörksen: Wir Tugendterroristen. In: DIE ZEIT Nr. 46/2012 vom 8. November 2012. Zitiert nach URL: www.zeit.de/2012/46/Digitales-Zeitalter-Mediendemokratie-Tugendterroristen (Abruf: 20.17.2017)

Aufgabe 1
Analysieren Sie Bernhard Pörksens Medienkritik. Gehen Sie dabei auch darauf ein, wie der Medienwissenschaftler seine Position argumentativ entwickelt.

Aufgabe 2
Erörtern Sie den Vorschlag des Verfassers zum Umgang mit der „digitalen Empörungsdemokratie der Gegenwart" (Z. 60 f.).

Bewertung der Schülerleistung: Untersuchendes Erschließen pragmatischer Texte

Name:	
Schulhalbjahr:	
Kurs:	
Fachlehrer/-in:	
Thema der Klausur:	Bernhard Pörksen: Wir Tugendterroristen

1. Verstehensleistung

Teilaufgabe 1 Die Schülerin/der Schüler	max. Punktzahl	erreichte Punkte
nennt einleitend die bibliografischen Informationen (Titel, Autor, Erscheinungsjahr und -ort), die Textsorte (Kommentar, Medienkritik) und das Thema (Problem der ausufernden Skandalisierung und Empörung im Internet).	5	
ordnet die vorliegende Medienkritk mithilfe der Analysekriterien nach Marcus S. Kleiner treffend ein: • **Akteur:** Berhard Pörksen, ehemals Journalist und jetzt Medienwissenschaftler • **Kritikebene:** Empörung und diffamierende Inhalte im Internet • **Kritikausrichtung:** emanzipatorisch; Appell für einen verantwortungsvolleren Umgang mit dem Medium	5	
analysiert den Kommentar in Bezug auf den Inhalt und die Argumentationsstruktur umfassend und differenziert, z. B.: • Feststellung: (politische) Skandale sind in den Medien an der Tagesordnung (vgl. Z. 1 ff.) und das „Symptom eines umfassenden Kultur- und Medienwandels" (Z. 33 f.) • Vergleich der Situation von früher und heute: *massenmediale Mediendemokratie (früher)* – „Gatekeeping" (Z. 41) durch „publizistische Großmächte" (Z. 56) – Passivität der Mediennutzer (vgl. Z. 72 ff.) – Aufreger/Aufmacher durch die Medien (vgl. Z. 84 f.) *Empörungsdemokratie (heute)* – „Gateblowing" (Z. 45) durch jedermann, meist sogar anonym (vgl. Z. 45 ff.) – Aktivität aller Mediennutzer (vgl. Z. 72 ff.) – Skandalisisierung und Empörung zunehmend auch durch das Publikum (vgl. Z. 75 ff.) • Gründe für die Skandalisierung im Internet: – „räumliche, zeitliche und kulturelle Grenzen [sind durch die Technik] leicht passierbar geworden" (Z. 61 f.) – „[e]rfolgreiche Aufreger sind schlicht profitabel" (Z. 97 f.) – „Wasser-Wein-Entlarvung" (Z. 121) durch „ein paar Klicks" (Z. 117) hier leicht möglich • Vorschlag zur Vermeidung übertriebener Empörung im Internet: Selbstdisziplin durch jeweils kritisches Hinterfragen der Relevanz (vgl. Z. 142 ff.)	15	

erläutert mind. zwei sprachliche Mittel, mit denen die Botschaft transportiert wird, z. B.: • Paradoxon „Wir Tugendterroristen" (vgl. Titel) verdeutlicht die moralische Schuld des Einzelnen bei zu unbesonnenem Agieren im Internet • Betonung der Notwendigkeit seiner Forderung durch rhetorische Fragen (vgl. Z. 142 ff.) • Reduktion seines Anliegens auf einen bloßen Traum bzw. unerfüllbaren Wunsch (vgl. Z. 152 ff.), um den Leser an seiner Ehre zu packen • generell allgemein verständliche, schnörkellose Sprache, um den Ernst der Lage zu unterstreichen und zudem alle Leser zu erreichen	5	
fasst die Botschaft an den Leser (kritischerer und bewussterer Umgang mit dem Medium Internet) im Sinne eines Fazits zusammen.	5	
belegt seine/ihre Ausführungen mithilfe geeigneter Textbeispiele.	5	
Summe Teilaufgabe 1	**40**	

Teilaufgabe 2 Die Schülerin/der Schüler	max. Punktzahl	erreichte Punkte
erläutert kurz den Untersuchungsgegenstand (Erörterung) im Sinne einer Überleitung.	5	
erörtert die Frage, ob und inwiefern der Vorschlag des Verfassers zum Umgang mit der heutigen Empörungsdemokratie sinnvoll sind: *Argumente einer affirmativen Sichtweise* • erst die quartären Medien machen die (unkontrollierte) Interaktion des Publikums möglich • Anonymität und somit fehlende Verbindlichkeit der Internet-Nutzer trägt zusätzlich zur verstärkten Empörung und u. U. Diffamierung Einzelner bei *Argumente einer kritischen Sichtweise* • Selbstdisziplin allein genügt nicht, es sind neue Regeln im Internet erforderlich (→ Netiquette) • Problem der Umsetzbarkeit neuer Regeln und deren Einhaltung, z. B. durch fehlende (online-)journalistische Kompetenz der meisten Internet-Nutzer	20	
gelangt auf der Grundlage seiner/ihrer Argumentation zu einem eigenen Urteil und begründet seine/ihre Entscheidung schlüssig.	5	
Summe Teilaufgabe 2	**30**	
Summe Verstehensleistung	**70**	

2. Darstellungsleistung

Anforderungen Die Schülerin/der Schüler	max. Punktzahl	erreichte Punkte
schreibt sprachlich richtig und syntaktisch sicher.	5	
gibt die Meinung Dritter korrekt im Konjunktiv I bzw. in der Ersatzform wieder.	5	
formuliert sprachlich und stilistisch sicher und abwechslungsreich.	5	
strukturiert seinen/ihren Text schlüssig, stringent und gedanklich klar.	5	
verwendet das erforderliche Fachvokabular der Textanalyse.	5	
wendet die Zitiertechniken korrekt an.	5	
Summe Darstellungsleistung	**30**	

© Westermann Gruppe
Best.-Nr. 022686

Bewertung:	max. Punktzahl	erreichte Punkte
Summe insgesamt (Verstehens- und Darstellungsleistung):	100	

Kommentar:

_____
_____
_____
_____
_____
_____
_____
_____

Die Arbeit wird mit der Note _____ beurteilt.

Datum: _____ Unterschrift: _____

Bepunktung

Note	Punkte	erreichte Punktzahl
sehr gut plus	15	100 – 95
sehr gut	14	94 – 90
sehr gut minus	13	89 – 85
gut plus	12	84 – 80
gut	11	79 – 75
gut minus	10	74 – 70
befriedigend plus	9	69 – 65
befriedigend	8	64 – 60
befriedigend minus	7	59 – 55
ausreichend plus	6	54 – 50
ausreichend	5	49 – 45
ausreichend minus	4	44 – 39
mangelhaft plus	3	38 – 33
mangelhaft	2	32 – 27
mangelhaft minus	1	26 – 20
ungenügend	0	19 – 0

Klausurvorschlag 3 mit Erwartungshorizont

Bernhard Pörksen (geb. 1969): Pöbeleien im Netz ersticken Debatten. Wir brauchen endlich Regeln!

Bernhard Pörksen studierte Germanistik, Journalistik und Biologie in Hamburg, volontierte beim Deutschen Allgemeinen Sonntagsblatt und publizierte Essays, Kommentare und Debattenbeiträge in namhaften Tages- und Wochenzeitungen, Magazinen sowie Online-Medien. 2008 erhielt er einen Ruf an die Universität Tübingen und ist dort seitdem als Professor am Institut für Medienwissenschaft, dessen Mitbegründer er ist, tätig.

Es ist ein dramatischer Moment im Leben von Jordi Mir, als er am 7. Januar 2015 um kurz vor zwölf aus seiner Wohnung auf die Straße blickt. Er sieht zwei Vermummte, die Maschinengewehre im Anschlag. Jordi Mir greift zum Handy, filmt, 42 Sekunden lang. Auf dem Boden liegt der Polizist Ahmed Merabet, der, um Gnade flehend, die Hände hebt. Dann fallen die Schüsse, die Merabet töten. Die Attentäter, die kurz zuvor etliche Redakteure und Mitarbeiter der Satirezeitschrift Charlie Hebdo erschossen haben, springen ins Auto und flüchten. Jordi Mir weiß nicht wirklich, was er gefilmt hat. Er denkt an einen Banküberfall, lädt das Video wie in Trance auf Facebook hoch und löscht es nur eine Viertelstunde später, weil er ahnt, dass der Ad-Hoc-Einfall der Publikation keine gute Idee war.

Aber da ist schon alles zu spät. Rasend verbreiten sich die Bilder der Exekution. Jordi Mir hat den ikonischen[1] Moment des Anschlags als reproduktionsfähiges Dokument geliefert. Keine Stunde später bringt das französische Fernsehen die Erschießung, dann folgt der Rest der Medienwelt.

Der Bruder des Getöteten wird später vor die Kameras treten und sagen: „Wie könnt ihr es wagen, dieses Video zu senden? Ich habe seine Stimme gehört. Ich habe ihn erkannt. Ich habe gesehen, wie man ihn abgeschlachtet hat." Unter Journalisten entbrennt eine Debatte darüber, ob man so etwas zeigen darf, unverpixelt, in anonymisierter Form – oder gar nicht. Auch Jordi Mir wendet sich ein weiteres Mal an die Öffentlichkeit. Er bittet die Familie des Getöteten um Verzeihung, nennt sein Handeln einen „dummen Reflex", eine Idiotie, die ihm im Moment der Überforderung passiert ist.

Man kann diese Szene als Hinweis verstehen, dass wir, wie der Journalist Friedemann Karig in einem klugen Essay schrieb, eine Ethik des Teilens benötigen, eine sensible Moral des Users, der Inhalte nicht gedankenlos weiterleiten, Exekutionsbilder nicht online stellen, womöglich Gerüchte nicht verbreiten sollte. Tatsächlich ist die Verantwortung für die öffentliche Sphäre heute auch ins Lager derjenigen diffundiert[2], die man einst zum „Publikum" zählte. Und tatsächlich ist es auch eine Entscheidung der vernetzten vielen und nicht mehr nur der oft so intensiv gescholtenen Medien, was aus der Öffentlichkeit wird. Ein gigantischer Pool aus Blutbildern und pulsierenden Hitlisten von immer lustigeren Katzenvideos? Eine Sphäre des Spektakels? Eine Manege für überdrehte Clowns und für diejenigen, die am lautesten brüllen? [...]

Allerdings ist die Forderung nach einer Ethik des Teilens einigermaßen wolkig. Sie hat etwas von einer gut gemeinten Predigt, der es an konkreten Standards fehlt. Kurzum: Sie ist die falsche Antwort auf die richtige Frage, wie man publizistische Verantwortung in den Wirkungsnetzen des digitalen Zeitalters neu definieren kann. Jordi Mir postet bei Facebook, irgendwer leitet sein Video weiter, der klassische Journalismus reagiert. Und alles explodiert in einem aufschäumenden Aufmerksamkeitsexzess.

In einem solchen Zusammenwirken der unterschiedlichsten Kräfte zeigt sich eine Neuverteilung der publizistischen Machtverhältnisse. Einerseits verlieren die traditionellen Gatekeeper des Journalismus an Macht, aber damit beginnt nicht das Reich totaler Freiheit, sondern es gewinnen Gatekeeper neuen Typs an Einfluss, die ihre publizistische Mitverantwortung bislang offensiv ignorieren. Auf eine Formel gebracht: Beobachtbar ist eine Disintermediation bei gleichzeitiger Hyperintermediation. [...]

Disintermediation bedeutet, dass klassische Vermittler von Informationen und Nachrichten schwächer werden und sich jeder, der einen Netzzugang besitzt, barrierefrei an die Öffentlichkeit wenden kann – mit drei elementaren Konsequenzen für das, was Öffent-

---

[1] **ikonisch** = bildhaft, anschaulich
[2] **diffundieren** = eindringen, übertreten

lichkeit ausmacht. Zum einen wird der Einzelne, eben noch zur Passivität verdammt, zum Sender (und damit zum Enthüller neuen Typs). Zum anderen hat
80 Disintermediation zur Folge, dass jeder Themenideen, aber eben auch Propaganda und raffiniert aufbereiteten Werbemüll verbreiten kann (und damit sehr direkt über die Qualität des Öffentlichen mitbestimmt). Und schließlich bedeutet dies, dass der klas-
85 sische Journalismus an Deutungsautorität verliert (und damit die Agenda der Allgemeinheit an Strahlkraft und Verbindlichkeit einbüßt). [...]
Der gegenläufige Trend der Hyperintermediation handelt hingegen von der Macht neuer Gatekeeper.
90 Dies sind die Plattformmonopolisten, die Suchmaschinen und Sozialen Netzwerke, die überhaupt erst die blitzschnelle Entdeckung und Zirkulation all der Daten und Dokumente ermöglichen, selbst jedoch als weitgehend unsichtbare Instanzen wirken. Sie wer-
95 den von Milliarden von Menschen täglich genutzt. Sie modulieren[1], wie man aus Facebook-Experimenten weiß, die Stimmungen der Nutzer. Sie organisieren das, was öffentlich wirksam wird, mithilfe von Algorithmen, mathematischen Entscheidungsproze-
100 duren. Sie sind, entgegen anders lautenden Behauptungen, nicht gänzlich neutral. [...] Es entstehen, parallel zur publizistischen Selbstermächtigung des Einzelnen, Nachrichten- und Weltbildmaschinen eigener Art, globale Monopole der Wirklichkeitskonst-
105 ruktion, die längst mächtiger sind als die klassischen Nachrichtenmacher. [...]
Die freiheitliche, digital vernetzte Medienwelt steht damit an einer Epochenschwelle, von deren Existenz sie kaum etwas ahnt und über deren Effekte sie nicht
110 wirklich debattiert. Sie befindet sich in einer Phase des Übergangs vom redaktionellen Journalismus, der Mitte des 19. Jahrhunderts seinen Anfang nahm und der natürlich immer noch einflussreich ist, hin zum Jahrhundert des unsichtbaren Journalismus der Zu-
115 kunft, den die vernetzten vielen im Verbund mit den Digitalmonopolisten produzieren. Es ist, natürlich, eine Form der Publizistik, die sich selbst gar nicht mehr Journalismus nennt, sich gar nicht mehr als Journalismus begreift, aber doch vergleichbare Öf-
120 fentlichkeitseffekte erzeugt, Themen setzt, Enthüllungen produziert, Bilder liefert – und letztlich darüber bestimmt, was für wichtig und wahr gehalten wird.
In dieser Situation eines Umbruchs verbirgt sich ein
125 gesellschaftlich noch unverstandener, kaum entzifferter Bildungsauftrag, dem man durch Pauschalforderungen nach mehr Online-Erziehung oder Programmierkenntnissen („Java ist das neue Latein")

nicht gerecht wird. Das Zusammenspiel alter und neuer Gatekeeper läuft, wie der Netzphilosoph Peter
130 Glaser einmal beiläufig bemerkt hat, auf die Diagnose zu, dass die Ideale des Journalismus zu einem Element der Allgemeinbildung werden müssen. Warum könnte dies tatsächlich sinnvoll sein? Die Antwort: Der klassische Journalismus verknüpft den Akt der
135 Publikation mit der Prüfung von Faktizität und Relevanz. Er liefert ein Wertegerüst für das öffentliche Sprechen, das deutlich konkreter ist als eine pauschal-diffuse Publikumsethik. Und der klassische Journalismus weiß um die allgemein menschliche
140 Neigung zur Selbstbestätigung, die erste Natur des Menschen, seine gedankliche Bequemlichkeit. Er will – im Idealfall – systematisch „zu einer zweiten Natur der Offenheit erziehen" (so der Journalismusforscher Horst Pöttker) und hat zu diesem Zweck Recherche-
145 routinen und Formen des Fact-Checkings und der Quellenprüfung entwickelt, die ihn selbst aus dem Gehäuse eigener Annahmen und Vorurteile herauskatapultieren können.
Und diese Prinzipien sollen allgemein nützlich sein?
150 Ja, denn die Frage, was eine echte Nachricht darstellt, was man als glaubwürdiges, relevantes, publikationswürdiges Geschehen begreifen kann und soll, ist längst ein Problem von allen, die in den Öffentlichkeiten des digitalen Zeitalters unterwegs sind. Und
155 wer ist das nicht? Die Relevanzfrage geht Facebook, die vermutlich einflussreichste Nachrichtenverbreitungsmaschine der Welt, genauso an wie die gewaltige Masse der Jedermann-Publizisten, die Tag für Tag als unbezahlte Informationsbroker im Außendienst
160 tätig sind und nach Kräften posten, verlinken, Tweets absetzen, Blog-Beiträge verfassen. [...]
Aber das sind akademische Träume, gewiss. Während ich dies schreibe, wird Herfried Münkler, Politikwissenschaftler in Berlin, von einer Gruppe von
165 anonym publizierenden Studierenden in einem eigenen Blog attackiert. Sie besuchen seine Vorlesung, werten diese aus, um sie dann wahlweise als „sexistisch", „militaristisch" oder „chauvinistisch" zu kritisieren. Ob das sinnvoll ist, maßvoll, gerecht? Ob die
170 allenfalls dürftig belegten Pauschalvorwürfe in die Öffentlichkeit gehören? Ich glaube nicht. Aber der Fall zeigt: Die neuen Player in der Erregungsarena der Gegenwart sind längst mitten unter uns, und es wäre fatal, die Frage nach der publizistischen Verant-
175 wortung aller weiterhin zu ignorieren.

(2015)

Bernhard Pörksen: Pöbeleien im Netz ersticken Debatten. Wir brauchen endlich Regeln! In: DIE ZEIT Nr. 26/2015 vom 25. Juni 2015. Zitiert nach URL: http://www.zeit.de/2015/26/journalisten-medien-verantwortung-debatten-regeln (Abruf: 20.7.2017)

---

[1] **modulieren** = (um-)gestalten, umformen, verändern, beeinflussen

Aufgabe 1
Analysieren Sie Bernhard Pörksens Medienkritik. Gehen Sie dabei auch darauf ein, wie der Medienwissenschaftler seine Position argumentativ entwickelt.

Aufgabe 2
Erörtern Sie auf der Grundlage dieses Zeitungsartikels, ob „Journalismus" als zusätzliches Unterrichtsfach an (Hoch-)Schulen eingeführt werden sollte, um die Internet-Nutzer auf einen konstruktiven und bewussten Umgang mit diesem Medium vorzubereiten.

Bewertung der Schülerleistung: Untersuchendes Erschließen pragmatischer Texte

Name:	
Schulhalbjahr:	
Kurs:	
Fachlehrer/-in:	
Thema der Klausur:	Bernhard Pörksen: Pöbeleien im Netz ersticken Debatten. Wir brauchen endlich Regeln!

1. Verstehensleistung

Teilaufgabe 1 Die Schülerin/der Schüler	max. Punktzahl	erreichte Punkte
nennt einleitend die bibliografischen Informationen (Titel, Autor, Erscheinungsjahr und -ort), die Textsorte (Kommentar, Medienkritik) und das Thema (Problem der ausufernden Skandalisierung und Empörung im Internet).	5	
ordnet die vorliegende Medienkritk mithilfe der Analysekriterien nach Marcus S. Kleiner treffend ein: • **Akteur:** Berhard Pörksen, ehemals Journalist und jetzt Medienwissenschaftler • **Kritikebene:** Empörung und diffamierende Inhalte im Internet • **Kritikausrichtung:** emanzipatorisch; Appell für einen verantwortungsvolleren Umgang mit dem Medium	5	

analysiert den Kommentar in Bezug auf den Inhalt und die Argumentationsstruktur umfassend und differenziert, z. B.:
• Problemaufriss:
  – die Digitaltechnik hebt räumliche, zeitliche und kulturelle Grenzen vollständig auf, sodass jeder Nutzer Informationen im Internet innerhalb von Sekunden verbreiten kann (Z. 1 ff.)
  – es fehlt bislang eine „Ethik des Teilens […], eine sensible Moral des Users, der Inhalte nicht gedankenlos" (Z. 37 ff.) in den Umlauf bringt
• Folgen:
  – „Disintermediation" (Z. 72) der Journalisten als bisherige Autoritäten (vgl. Z. 64 ff.) bei gleichzeitiger „Hyperintermediation" (Z. 71) weitgehend unsichtbarer Instanzen, wie z. B. soziale Netzwerke (vgl. Z. 92 ff.)
  – „Epochenschwelle" (Z. 108): Übergang vom redaktionellen zum „unsichtbaren Journalismus der Zukunft" (Z. 114)
• Forderung: Annahme des neuen Bildungsauftrages und dementsprechend Integration des Journalismus in die (hoch-) schulische Allgemeinbildung (vgl. Z. 163 ff.), um das Bewusstsein der Internet-Nutzer für ihre neue gesellschaftliche Verantwortung zu schärfen (vgl. Z. 173 ff.)
	15	

erläutert mind. zwei sprachliche Mittel, mit denen die Botschaft transportiert wird, z. B.:
• Betonung der Notwendigkeit seiner Forderung durch
  – rhetorische Fragen (vgl. Z. 170 ff.)
  – aktuelle Beispiele von Entgleisungen im Internet zu Beginn und am Schluss (vgl. Z. 1 ff. und Z. 163 ff.)
• Reduktion seines Anliegens auf einen bloßen Traum bzw. unerfüllbaren Wunsch (vgl. Z. 163 f.), um den Leser an seiner Ehre zu packen
• generell allgemein verständliche, schnörkellose Sprache, um den Ernst der Lage zu unterstreichen und zudem alle Leser zu erreichen
	5	

fasst die Botschaft an den Leser (kritischerer und bewussterer Umgang mit dem Medium Internet) im Sinne eines Fazits zusammen.	5	
belegt seine/ihre Ausführungen mithilfe geeigneter Textbeispiele.	5	
Summe Teilaufgabe 1	**40**	

Teilaufgabe 2 Die Schülerin/der Schüler	max. Punktzahl	erreichte Punkte
erläutert kurz den Untersuchungsgegenstand (Erörterung) im Sinne einer Überleitung.	5	

erörtert die Frage, ob und inwiefern Journalismus als zusätzliches Unterrichtsfach in (Hoch-)Schulen eingeführt werden sollte:
 	
Argumente einer affirmativen Sichtweise
• originäre Aufgaben im Journalismus, z. B.
  – Recherchieren in unterschiedlichsten Quellen
  – Texte auswählen und (den Wahrheitsgehalt) bewerten
  – eigene Texte verfassen
• stellen Kernkompetenzen im späteren Berufsleben dar
• fördert die Sprachkompetenz in besonderem Maße (Ausbildung verschiedener Varietäten und Stile)
 	
Argumente einer kritischen Sichtweise
• Gefahr der Theoretisierung führt evtl. zur Ablehnung
• u. U. Diskrepanz zwischen Theorie (Schule) und Praxis (privates Agieren im Internet)
	20	

gelangt auf der Grundlage seiner/ihrer Argumentation zu einem eigenen Urteil und begründet seine/ihre Entscheidung schlüssig.	5	
Summe Teilaufgabe 2	**30**	
Summe Verstehensleistung	**70**	

2. Darstellungsleistung

Anforderungen Die Schülerin/der Schüler	max. Punktzahl	erreichte Punkte
schreibt sprachlich richtig und syntaktisch sicher.	5	
gibt die Meinung Dritter korrekt im Konjunktiv I bzw. in der Ersatzform wieder.	5	
formuliert sprachlich und stilistisch sicher und abwechslungsreich.	5	
strukturiert seinen/ihren Text schlüssig, stringent und gedanklich klar.	5	
verwendet das erforderliche Fachvokabular der Textanalyse.	5	
wendet die Zitiertechniken korrekt an.	5	

© Westermann Gruppe
Best.-Nr. 022686

Summe Darstellungsleistung	30	

Bewertung:	max. Punktzahl	erreichte Punkte
Summe insgesamt (Verstehens- und Darstellungsleistung):	100	

Kommentar:

_____

_____

_____

_____

_____

_____

_____

_____

Die Arbeit wird mit der Note _____ **beurteilt.**

Datum: _____ Unterschrift: _____

Bepunktung

Note	Punkte	erreichte Punktzahl
sehr gut plus	15	100 – 95
sehr gut	14	94 – 90
sehr gut minus	13	89 – 85
gut plus	12	84 – 80
gut	11	79 – 75
gut minus	10	74 – 70
befriedigend plus	9	69 – 65
befriedigend	8	64 – 60
befriedigend minus	7	59 – 55
ausreichend plus	6	54 – 50
ausreichend	5	49 – 45
ausreichend minus	4	44 – 39
mangelhaft plus	3	38 – 33
mangelhaft	2	32 – 27
mangelhaft minus	1	26 – 20
ungenügend	0	19 – 0

Christian Jakubetz: Das Konstrukt Tageszeitung ist überholt

Verleger, Journalisten und Gewerkschaften sind sich einig – das Internet ist der Feind der Tageszeitung. Bei genauerer Betrachtung erweist sich das jedoch als falsch. Die Auflagen sinken seit zwei Jahrzehnten kontinuierlich. Ihr Untergang scheint unabwendbar.

Seit die „Frankfurter Rundschau" Insolvenz angemeldet hat, ist die Aufregung nicht nur in der Medienbranche groß. Von Zeitungssterben hatte man schon was gehört, irgendwo in den USA – aber hier in Deutschland? Dabei werden momentan sehr schnell sehr leicht sehr viele Schuldige ausgemacht. Allen voran: das Internet. Doch das ist zu einfach. Das Netz hat mit dem Niedergang der Tageszeitungen nur wenig zu tun. Bedrohlicher ist die Ignoranz in vielen Verlags-Chefetagen, deren Credo häufig immer noch ist: Weiter so!

Grob gesagt lassen sich die Einschätzungen über die Zukunft der Tageszeitung in Deutschland auf zwei kontrastierende Positionen zusammenfassen:

Die einen bescheinigen ihr eine glänzende Zukunft. Die anderen sehen sie dem endgültigen Untergang geweiht.

Zwischen diese beiden Positionen passt im Regelfall nicht sehr viel, was interessante Konsequenzen hat: Auch nach der Insolvenz und dem kaum mehr abwendbaren Aus für das Traditionsblatt „Frankfurter Rundschau" hat sich an diesen beiden Positionen nicht sehr viel geändert. Selbst die betroffenen Redakteure der FR mochten keineswegs das Produkt Tageszeitung als das eigentliche Problem ausmachen: „Die Tageszeitung wird, ob gedruckt oder digital, auch in Zukunft überleben, weil sie für die Menschen, die an ihrer Umwelt teilhaben wollen als Zeitgenossen, unverzichtbar ist", schrieb das Blatt auf seiner Online-Seite (!) und schlug ansonsten das handelsübliche Lamento[1] an: Im Netz sei irgendwie alles so unüberschaubar, die Zeitung schaffe Ordnung, sei übersichtlich und ein wichtiger Wegweiser. FAZ-Herausgeber Werner d'Inka wollte in seinem Leitartikel gar Anzeichen für ein Ende des Leserschwunds ausgemacht haben.

Für diese Annahmen der FR und der FAZ spricht zunächst einmal ungefähr nichts. Die Tageszeitung in Deutschland erlebt einen schleichenden Niedergang, der sich schon sehr viel länger hinzieht, als es das momentane Krisengeschrei nach dem mutmaßlichen Ende der FR und den entsprechenden Gerüchten um die „Financial Times Deutschland" vermuten lassen. Insofern ist allein schon der Begriff „Krise" mindestens fahrlässig: Eine Krise, das wäre etwas, was vorübergehend kommt und dann irgendwann auch mal wieder vergeht. Davon kann bei den Tageszeitungen keineswegs die Rede sein: Sie verlieren seit der Einheit Deutschlands konstant an Auflage. Nicht in dramatischen Schüben, nie so, als dass ein einzelnes Jahr Sorgen machen müsste. Zahlen zwischen 1 und 2 Prozent sind schließlich nichts, was ein sofortiges Ende eines Blatts begründen würde. Das größere Problem ist die Konstanz: Diese Verluste gibt es in dieser Größenordnung inzwischen schon seit 15 Jahren. Ohne irgendeine Unterbrechung. Ohne irgendein Anzeichen, das die Vermutung vom langsamen Ende des Leserschwunds von FAZ-Mann d'Inka belegen würde.

In Zahlen: Im dritten Quartal des Jahres 2002 wurden in Deutschland jeden Tag 27,49 Millionen Tageszeitungen aufgelegt. Im gleichen Quartal 2012 waren es nur noch 21,13 Millionen. Das sind die Zahlen der sogenannten Gesamtauflage. Zieht man dann noch Bordexemplare und andere Komponenten ab und nimmt man dann nur die sogenannte „harte Auflage" als Maßstab, dann ist nach Auffassung von Experten die tägliche Stückzahl bereits unterhalb der 20-Millionen-Marke angekommen. Und schon kursieren Berechnungen wie die des Eichstätter Professors Klaus Meier, der eine simple Formel ausgibt: Geht es mit dem Auflagenschwund so weiter, dann erscheint 2034 in Deutschland die letzte gedruckte Zeitung.

So sehr um solche Thesen wie die von Klaus Meier gestritten wird, in einem sind sich die Teilnehmer der Debatten erstaunlich einig. Wenn es um die Ursachen für die Probleme der Zeitungen geht, dann dauert es

Das Zeitungssterben kannte man bisher nur aus den USA. Läutet die Insolvenz der „Frankfurter Rundschau" den Untergang der gedruckten Zeitung in Deutschland ein?

---
[1] **Lamento** = abwertende Bezeichnung für Klage, Gejammer, Lamentieren

nicht lange, bis fast alle zu dem Schluss kommen: Das Internet, das ist schuld! Was ja auf den ersten Blick auch einleuchtend klingt: Das Internet ist schnell, die Zeitung ist langsam. Das Internet ist modern und hip, der Tageszeitung haftet irgendwas Tantiges an. Junge Menschen lesen nur noch auf stylischen Smartphones und Tablets, die Zeitung hat raschelndes Papier zu bieten. Und, womöglich das Wichtigste: Das Internet ist kostenlos, die Zeitung kostet etwas, inzwischen sogar richtig viel.

Doch so einfach ist es nicht. Geht man mit den Zahlen noch sehr viel weiter zurück, stellt man schnell fest, dass der erste Leserschwund bereits Mitte der 80er-Jahre begann. Natürlich gab es Anfang der 90er-Jahre nochmal einen kurzen und heftigen Anstieg in der Kurve, doch der ist leicht erklärt und obendrein kein Verdienst der Tageszeitungen: 17 Millionen Neubürger sorgten logischerweise auch für einen entsprechenden Auflagensprung. Lässt man also mal diese Sonderkonjunktur außen vor, verlieren Tageszeitungen seit mehr als 20 Jahren an Auflage und an Bedeutung. Wie also kommt man dann auf die Idee, dass es den Blättern noch so richtig gut ginge, wenn es das böse Netz nicht gäbe?

Vielleicht war das der Grund, warum sich so viele Nutzer am Mittwoch etwas ungläubig die Augen rieben, als Wolfgang Blau, der scheidende Chefredakteur von „Zeit Online" genau darauf hinwies: Es sei womöglich gar kein Problem mit dem Netz – vielmehr sei es das Konstrukt ganz generell, das für Probleme sorge: „Das inzwischen fragliche journalistische Konstrukt namens Tageszeitung wird selbst jedoch äußerst selten als Grund genannt", schrieb der künftige Guardian-Mann in einem Facebook-Eintrag. Und in der Tat: Hört man vielen Verlegern zu, dann kommt man zu dem Schluss, dass Zeitungen nur ihr bisheriges Geschäftsmodell erfolgreich in die digitale Welt hinüberretten müssten, und dann wäre auch schon wieder alles gut. Geschäftsmodell retten, das hieße nach dieser Logik: Die Leser einfach dazu bringen, für Inhalt auch im Netz zu bezahlen.

Das allerdings setzt voraus, dass sich vor allem die zukünftigen Leser überhaupt noch für die Idee und das Konstrukt einer Tageszeitung interessieren. Doch auch in diesem Punkt sieht es für die Verlage ungut aus: Im jüngeren Publikum zwischen 14 und 19 greift nur noch gut jeder Zweite täglich zu einer Tageszeitung, noch vor wenigen Jahren waren es drei von vier. Zu einem womöglich noch bedrückenderen Ergebnis kommt die ARD-ZDF-Onlinestudie 2012: Während das mutmaßlich zukunftsentscheidende junge Publikum am Tag mehr als zwei Stunden jeweils mit Netz, TV und Radio verbringt, widmet es sich nur einem Bruchteil dieser Zeit einer Tageszeitung: 10 Minuten gehören ihr im täglichen Medienmix. Eine Zahl, die vor allem deswegen für die Verlage beunruhigend sein muss, weil sie für etwas steht, was schlimmer ist als jeder Auflagenrückgang: Relevanzverlust. Man könnte das auch anders, einfacher sagen: Was in der Zeitung steht, interessiert junge Menschen nicht mehr. Etwas Schlimmeres kann man einem Medium kaum mehr nachsagen.

Trotzdem hat sich die Branche in erstaunlicher Einigkeit zwischen Verlegern, Journalisten und sogar Gewerkschaften (für Nicht-Insider: Das Verhältnis dieser drei untereinander ist so, dass man sie besser nicht unbeaufsichtigt in einem Raum lässt) einen gemeinsamen Feind ausgesucht: Das Netz soll es sein, nur das Netz, das man am liebsten wieder abschaffen oder wenigstens unter seine Kontrolle bringen würde. Über mögliche inhaltliche Versäumnisse und darüber, dass das Konstrukt Tageszeitung womöglich wirklich überholt ist, hat man auch in diesen „Krisentagen" kaum jemanden sprechen gehört.

Machen sich die Blätter jetzt auf ins Netz, den Ort, in dem schon lange nicht mehr nur nach Meinung von Digitalstrategen die Zukunft liegt? Nein, keineswegs – das ist ja das Schizophrene. Im Netz ist bisher den wenigsten Verlagen etwas Brauchbares eingefallen. Die meisten versuchen es mit Inhalten aus der eigenen Zeitung, ergänzt um ein paar Agenturmeldungen. Auf Tablet-Computern sind die meisten bisher noch gar nicht spürbar vertreten. Und selbst eine publizistische Großeinheit wie die FAZ hat als Tablet-App nicht mehr zustande gebracht als ein schlichtes PDF (aber gut, nach FAZ-Logik geht ja auch der Leserschwund zurück). Zusammengefasst: „Das Wachstum unserer Digitalgeschäfte ist im Wesentlichen nur durch Zukäufe erreicht worden. Wirkliche Neuerungen, das muss man ganz nüchtern feststellen, hatten wir bisher nicht zu bieten." Der das sagt, ist keiner der üblichen verdächtigen Medienkritiker. Sondern: Matthias Döpfner, Vorstandschef von Springer. So deutlich sagt das im Regelfall ungefähr niemand.

Die Tageszeitungsbranche legt ein merkwürdiges Verhalten an den Tag: Wie ein Alkoholiker, der die Ursache seiner Krankheit in den bösen Ärzten sieht, die ihn nicht richtig behandelt haben.

Am 21. November übrigens steht bei Gruner & Jahr eine große wie wichtige Entscheidung an: Möglicherweise wird dann die „Financial Times Deutschland" zugemacht. Was natürlich nichts mit Krise und allenfalls mit dem Internet zu tun hat.

(2012)

Christian Jakubetz: Das Konstrukt Tageszeitung ist überholt. In: Cicero Online vom 16. November 2012. URL: http://archiv.cicero.de/salon/das-konstrukt-tageszeitung-ist-ueberholt/52587 (Abruf: 20.7.2017)

Aufgabe 1
Analysieren Sie den vorliegenden Kommentar von Christian Jakubetz.

Aufgabe 2
Entwerfen Sie ein Konzept zur Sicherung der Zukunft des Mediums (Online-)Zeitung, welches auch von jüngerem Publikum angenommen und genutzt wird.

Quellenverzeichnis

Baacke, Dieter/Frank, Günter/Radde, Martin: Jugendliche im Sog der Medien. Medienwelten Jugendlicher und Gesellschaft. Verlag Leske + Budrich. Opladen 1989

Bayerischer Rundfunk: Grundkurs Multimedia Deutsch. Folge 3: Mediennutzung. Eigene Transkription. München 2016. URL: www.br.de/fernsehen/ard-alpha/sendungen/grundkurs-deutsch/grundkurs-deutsch-folge-3-mediennutzung100.html (Abrufdatum: 2016-07-06)

Hamann, Götz: Wer vertraut uns noch? In: DIE ZEIT Nr. 26/2015 vom 25. Juni 2015. Hamburg 2015. Zitiert nach URL: www.zeit.de/2015/26/journalismus-medienkritik-luegenpresse-vertrauen-ukraine-krise (Abrufdatum: 2016-07-04)

Hörisch, Jochen: Der Sinn und die Sinne. Eine Geschichte der Medien. Eichborn Verlag. Frankfurt am Main 2001

KMK: Bildungsstandards im Fach Deutsch für die Allgemeine Hochschulreife. Beschluss der Kultusministerkonferenz vom 18.10.2012. Berlin 2012. Zitiert nach URL: www.kmk.org/fileadmin/Dateien/veroeffentlichungen_beschluesse/2012/2012_10_18-Bildungsstandards-Deutsch-Abi.pdf (Abrufdatum: 2016-07-11)

Maletzke, Gerhard: Kommunikationswissenschaft im Überblick. Grundlagen, Probleme, Perspektiven. Westdeutscher Verlag. Wiesbaden 1998

Medienpädagogischer Forschungsbund Südwest (mpfs): JIM-Studie 2015 – Jugend, Information, (Multi-)Media. Basisuntersuchung zum Medienumgang 12- bis 19-Jähriger. Stuttgart 2015

Niedersächsisches Kultusministerium (Hrsg.): Kerncurriculum für das Gymnasium – gymnasiale Oberstufe, die Gesamtschule – gymnasiale Oberstufe, das Berufliche Gymnasium, das Abendgymnasium, das Kolleg. Hannover 2016

Niggemeier, Stefan: Vorteil Internet. In: Weichert, Stephan/Kramp, Leif/Jakobs, Hans-Jürgen (Hrsg.): Wozu noch Journalismus? Wie das Internet einen Beruf verändert. Vandenhoeck & Ruprecht. Göttingen 2010, S. 41–46

Peters, Jelko: Kompetent in Sachtexte: Medienkritik. In: Schrödel Verlag (Hrsg.): Deutsch S II. Kompetenzen – Themen – Training. Braunschweig 2013

Schumacher, Arne: Die neuen Aufgabenarten im schriftlichen Abitur. Materialgestütztes Verfassen von Texten. In: Fachverband Deutsch im Deutschen Germanistenverband (Hrsg.): Rundbrief 45. Windeby 2013. Kostenlos abrufbar unter URL: www.fachverband-deutsch.de (Stichwortsuche: „Rundbrief 45")

Sorge, Petra: Zeitungssterben. Warum wir Papierpresse noch brauchen. In: Cicero Online – Magazin für politische Kultur vom 11. Oktober 2012. URL: http://archiv.cicero.de/salon/warum-wir-papierpresse-noch-brauchen/52161 (Abrufdatum: 2016-07-08)

taz Verlags und Vertriebs GmbH: Ein Abo, drei Preise. Das taz-Solidaritätsprinzip. URL: www.taz.de/!112049/ (Abrufdatum: 2017-07-04)

Thillosen, Anne: Schreiben im Netz. Neue literale Praktiken im Kontext Hochschule. Waxmann Verlag. Münster 2008